Balades et randonnées

A PIED

EN TERRES
ANES

MENTAL

randonnée

Les Pyrénées Orientales

Les Albères - Côte Vermeille
Le Vallespir
Le Conflent
La Cerdagne et le Capcir
Les Corbières et le Fenouillèdes

Chamina

Couple de randonneurs / Les Camporells. - Noël Hautemanière
Vignette : la baie de Collioure. -Noël ITIER-

Le Guide

Présentation du Territoire

Les Circuits

Les grands thèmes

Randonneur en chemin vers Porté-Puymorens. -NI-

au fil des Pages

PRATIQUE DU TERRAIN ET UTILISATION DU GUIDE

Pour effectuer une randonnée dans de bonnes conditions et « rester dans le bon chemin », trois éléments doivent guider l'utilisateur ; ce sont :

1 - le balisage et toute signalisation sur le terrain qui doivent toujours être les éléments premiers du repérage ;
2 - la cartographie : tous les circuits de ce guide sont représentés sur des fonds de cartes IGN couleur ;
3 - la description de l'itinéraire, détaillée dans le topoguide.

SUR LE TERRAIN, il est possible que des modifications interviennent après publication du guide. Nous en tiendrons compte dans notre prochaine édition. Dans l'intervalle, nous ne pouvons être tenus pour responsables d'éventuels changements indépendants de notre volonté. Dans le cas de modification des tracés de circuits, se référer au balisage sur le terrain, qui prime toujours sur la description. Par ailleurs, Chamina n'est pas chargé de l'entretien des chemins ; ce sont les collectivités concernées qui en ont la responsabilité.

BALISAGE ET FLÉCHAGE DES CIRCUITS DE PETITE RANDONNÉE

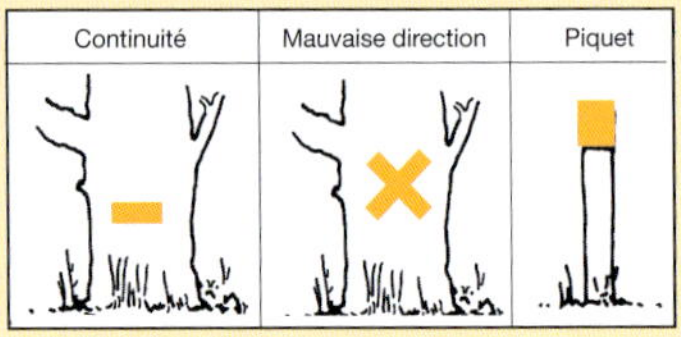

Le balisage est constitué de marques à la peinture placées sur des arbres, rochers, murs, piquets de clôtures, etc.

La plupart des circuits sont balisés en jaune, hormis quelques tronçons en blanc et rouge. On trouve aussi des « cairns » constitués de pierres empilées en forme de pyramide.

DANS LE TOPOGUIDE

• Les 31 circuits de petite randonnée sont présentés avec une couleur d'accompagnement (bleu, jaune, vert) qui correspond à leur durée à pied (voir ci-contre). La liste générale des circuits qui se trouve sur le rabat I de couverture fait aussi apparaître cette relation durée/couleur.

• Tous les circuits sont décrits dans un seul sens, choisi en fonction de l'intérêt de l'itinéraire ou de certaines difficultés (dénivelée). Des raccourcis, hors circuits ou variantes sont parfois signalés dans des encadrés spécifiques et en pointillé sur la carte attenante. Ils ne font généralement pas l'objet d'une description ni d'un balisage sur le terrain.

• Le temps pour chaque circuit est donné à titre indicatif, calculé selon une marche effective, à allure normale, sans être chargé, soit environ 3 km à l'heure, sans pause ni arrêt. Chacun devra donc interpréter les durées proposées en fonction de son rythme, de ses capacités personnelles, de la configuration générale du terrain, des accès aux curiosités indiquées hors circuits ou des variantes.

ACCÈS AUX ITINÉRAIRES

BLEU	durée jusqu'à 2 h 00
JAUNE	durée de 2 h 15 à 3 h 45
VERT	durée de 4 h 00 à 8 h 00

Le point de départ de chaque circuit est généralement accessible aux véhicules avec possibilité de stationnement.
Certaines balades sont desservies par le train jaune ou des services d'autocar.

RENSEIGNEMENTS PRATIQUES

Certains des symboles ci-dessous sont rappelés sur la carte qui accompagne chaque circuit.

SYMBOLES ET ABRÉVIATIONS CONVENTIONNELS	
▲ Altitude maximale	Gîte d'étape, refuge
▼ Altitude minimale	Produits locaux
★ Site ou curiosité	Château
Point de vue	Site géologique
Mégalithe	Flore remarquable
Ruines intéressantes	Musée
Architecture religieuse	OT/SI Office de tourisme/ Syndicat d'initiative
Architecture civile	••• Hors circuit, raccourci, variante ou PR de proximité
Bourg intéressant	
Architecture militaire	PNR Parc naturel régional des Pyrénées catalanes
Vignoble	

MISE EN GARDE

Les circuits proposés dans ce guide sont conçus pour être parcourus à pied. En hiver, ceux situés en montagne ne peuvent en aucun cas être considérés comme des itinéraires pour raquettes à neige.

PÉRIODES CRITIQUES

En période de chasse, il est recommandé d'être prudent, durant les battues au grand gibier entre autres : se renseigner avant de partir auprès des mairies.

À cause de l'enneigement, certains circuits ne sont pas praticables en hiver.

MESURES DE PRUDENCE

• **Évitez de partir par mauvais temps :** brouillard, orage, etc. Consultez la météo avant de partir.

• **Ne vous aventurez pas aux abords des carrières** dont les fronts de taille ne sont pas toujours stables. Prévoyez de bonnes chaussures. Sachez vous repérer sur la carte et utilisez une boussole.

-NI-

• **En été, protégez-vous du soleil et emportez de l'eau.** Évitez de boire celle des ruisseaux, cascades ou abreuvoirs.

• N'allumez pas de feux et ne jetez pas vos mégots de cigarettes.

• **Pensez au stationnement gênant**, même les dimanches et jours de fêtes : entrées de chemins, de champs, de fermes.

• Dans le cas où il n'existe pas de dispositif spécial pour franchir les clôtures (barrières amovibles à refermer absolument, escabeaux, chicanes, etc...) passez sous les barbelés, mais ne les escaladez jamais.

• **Respectez les prairies, les cultures et les troupeaux. À l'approche d'un troupeau de moutons gardé par une «patou» (gros chien à poils blancs, qui protège les troupeaux contre les loups), ne traversez pas le troupeau mais contournez-le pour éviter une attaque du chien.**

• **Respectez les sites fragiles,** ils abritent des espèces végétales et animales sensibles et protégées.

• **Ne campez pas en-dehors des terrains aménagés** à cet effet, sauf si vous avez l'autorisation des propriétaires.

• On peut **se munir d'un « Aspi-venin »**, à condition d'en connaître les précautions d'emploi.

Renseignez-vous également sur les réactions allergiques (piqûres d'insectes, guêpes, etc.).

• Si possible, informez, avant votre départ, une personne de votre entourage de votre itinéraire.

-NI-

• Si des enfants vous accompagnent, soyez vigilants aux abords des étangs, des lacs et lors de la traversée des routes.

Une négligence de ces conseils pourrait entraîner le refus légitime de laisser à l'avenir certains chemins ouverts aux randonneurs.

ÉQUIPEMENT

Quelles que soient l'altitude, la situation des itinéraires ou la période de l'année :

• **Soyez équipés pour la marche et les variations climatiques :** bonnes chaussures ; pull et vêtement de pluie ; chapeau de soleil, notamment pour les enfants.

• Dans un petit sac à dos, **emportez quelques provisions,** une petite trousse à pharmacie, un couteau, un sac en plastique pour vos déchets et éventuellement une boussole.

CARTOGRAPHIE

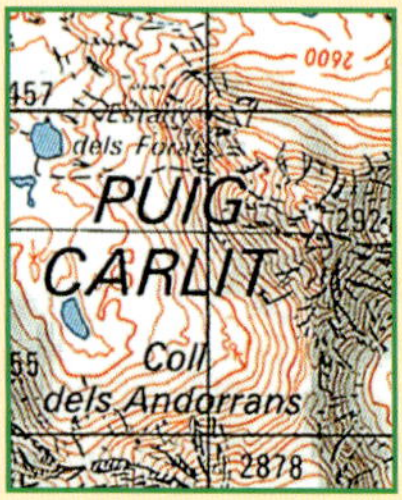

Pour préparer vos balades, imaginer des variantes ou élaborer vous-même vos itinéraires, vous pouvez consulter les documents suivants :

• Carte IGN Languedoc-Roussillon au 1 : 250 000 : n° R 17
• Carte IGN TOP 100 au 1 : 100 000 : n°s 173, 174

Les fonds de cartes utilisés dans ce guide sont des reproductions des cartes de l'Institut Géographique National (IGN) :

• Série bleue au 1 : 25 000 : n°s 2249 E - 2250 E - 2348 E - 2349 E - 2448 O - 2549 O.

• Série orange au 1 : 50 000 : n°s 2249 - 2250 - 2349 - 2350 - 2447 - 2449 - 2450 - 2549

DONNÉES IGN

Agence AUVERGNE-LOIRE-ARDÈCHE
5b rue Claude-Chappe - Parc d'Affaires de Crécy
69771 Saint-Didier-au-Mont-d'Or Cedex
Tél. 04 37 64 24 70 - Fax : 04 37 64 24 80
Site : www.ign.fr

Avant de partir, consultez

MÉTÉO FRANCE
www.meteo.fr
Météo départementale des Pyrénées-Orientales
08 92 68 02 66

Gendarmerie : 17 - Pompiers : 18
Numéro d'urgence européen : 112 - Samu : 15

CONSEILS, SÉCURITÉ, DÉCOUVERTE AVEC LES ACCOMPAGNATEURS EN MONTAGNE

Les Accompagnateurs en Montagne de l'APAM66* vous accompagnent dans les Pyrénées Catalanes pour votre sécurité et pour vous faire découvrir une région qu'ils connaissent parfaitement, sous tous ses aspects, qu'il s'agisse de faune et de flore, de relief ou de traditions...

Pourquoi prendre un Accompagnateur en Montagne ?

L'Accompagnateur en Montagne (AM) est le professionnel de la randonnée et de la découverte du milieu montagnard en toute saison. Titulaire d'un Brevet d'État, il est formé tout au long de sa carrière pour vous accompagner dans votre découverte de la montagne. Maîtrisant les techniques de progression liées à la randonnée à pied et à raquette à neige, il vous conseille pour vous aider à progresser dans l'activité de randonnée tant sur le plan des techniques que sur celui de la gestion de l'effort, quel que soit votre niveau.

Organisateur de promenades, de randonnées, de treks et de séjours dans les Pyrénées Catalanes (et bien souvent au-delà), il est également un logisticien et un médiateur de territoire, permettant ainsi à chacun de s'approprier les milieux montagnards dans les meilleures conditions de confort et de sécurité. Traducteur et interprète de la montagne, il partage avec vous sa passion pour ces territoires d'altitude riches en découvertes, émotions et contemplation. Certains accompagnateurs en montagne sont également qualifiés pour l'encadrement du VTT et différents sports de pleine nature ; d'autres développent leurs programmes d'activité avec le concours d'animaux de bât.

Au sein de petits groupes conviviaux, l'AM est le garant de la gestion de la sécurité du groupe, du guidage, du choix de l'itinéraire le mieux adapté aux participants. Il anime et informe le groupe sur des points naturalistes et patrimoniaux en fonction du thème de la sortie et des attentes particulières. Signataire d'un code de recommandations déontologiques, il assure le respect de la réglementation en vigueur (espaces et espèces naturels protégés...) et, amoureux de la nature, il s'attache au plus grand respect du milieu naturel.

** L'APAM : Association Pyrénéenne des Accompagnateurs en Montagne, section catalane du Syndicat National des Accompagnateurs en Montagne (SNAM).*

COMMENT TROUVER UN ACCOMPAGNATEUR ?

Les AM de l'APAM66 sont répertoriés auprès du Comité Départemental du Tourisme des Pyrénées-Orientales et des Offices de Tourisme des différentes communes.

Vous les trouverez sur l'annuaire de l'APAM 66 ou sur le site national des Accompagnateurs En Montagne (www.lesaem.org) en cliquant sur « trouvez votre Accompagnateur de Montagne ».

Pyrénées-Orientales

Bienvenue en Pays catalan !

Randonneurs en marche vers le pic du Canigó. -NI-

Des espaces naturels protégés

Pas de fausse modestie : nous avons ici, en Pays catalan, bien des raisons d'être fiers de notre patrimoine naturel. C'est pourquoi nous sommes très heureux de saluer, avec ce nouveau guide des éditions Chamina, la parution du tout premier Guide Départemental de randonnées en Pyrénées-Orientales.

Faire découvrir à nos habitants et à nos visiteurs ces sentiers, ces chemins, ces itinéraires incomparables qui traversent notre département c'est un moyen pour nous de partager cette fierté. En effet, quel autre département français peut se vanter de rassembler sur un même territoire — le nôtre n'est pourtant pas bien grand— un Parc Naturel Régional, onze réserves naturelles, vingt-trois sites classés et autres espaces naturels remarquables tant à la montagne qu'en piémont, tant en milieu marin que lacustre ? Tout cela sur les rives de la Méditerranée, sous le grand soleil du sud...

Guider les pas des randonneurs, promouvoir et faciliter la pratique de la randonnée, notamment en rendant plus cohérent le balisage des itinéraires ; créer, réhabiliter ou valoriser les liaisons nécessaires entre refuges et gîtes d'étape... Toutes ces actions réalisées par le Conseil Général visent, bien entendu, à soutenir notre activité touristique mais aussi, à marquer notre attachement profond à la nature, laquelle est indissociable de notre culture. Enfin, en favorisant les déplacements sur l'ensemble de notre département, nous sommes fidèles à notre engagement en faveur d'un développement économique durable.

A vrai dire, les dieux nous ont facilité les choses... L'ensemble de notre territoire départemental est propice à la pratique de la randonnée. De la moindre colline plantée de vignes ou d'oliviers jusqu'à l'imposant massif du Canigó ou du Carlit, tous nos paysages sont accessibles par les moyens de déplacement les plus divers.

Vous serez, à coup sûr, séduits par un parcours (à pied, en VTT, à cheval... comme il vous plaira !) au cœur de l'immense Parc Naturel Régional Pyrénées catalanes, de Canigó Grand Site, de la réserve de Nyer ou encore le long du sentier littoral qui traverse notre magnifique baie de Paulilles, par une plongée, peut-être, dans les eaux claires de la réserve marine de Banyuls-Cerbère. A moins que vous ne préfériez le miroitement du ciel dans le lac des Bouillouses.

Oui, nous sommes fiers de toutes ces splendeurs et nous en sommes aussi soucieux. C'est pourquoi le Conseil Général a voulu participer activement à la protection et à l'entretien de ces espaces naturels, en gérer lui-même certains. Les accès en sont réglementés mais ils demeurent accessibles à tous. C'est ainsi que nous concevons la nature : liée à l'homme, faite pour lui et placée sous sa responsabilité.

Christian BOURQUIN,
Président du Conseil Général
des Pyrénées-Orientales.

Terre de contrastes

« Destination Pyrénées-Orientales » est sans aucun doute synonyme de « Destination terre de contrastes ». La partie la plus méridionale des Pyrénées offre au visiteur une diversité paysagère qui ne se retrouve nulle part ailleurs, sur un territoire aussi restreint. À peine une centaine de kilomètres séparent le littoral méditerranéen et ses plages de sable fin, souvent ensoleillées, des rochers dénudés et longtemps enneigés du pic du Carlit (2 921 m). Ici, diversités topographique, climatique, floristique, faunistique et architecturale se côtoient et s'inscrivent comme autant de richesses patrimoniales remarquables.

Au pic de Costabona. -BM-

Chemin de randonnée, vue sur le Carlit. -NI-

Trésors de la nature

Côte escarpée bordant la mer, plaines encerclées entre massifs soulevés, gorges étroites et défilés, plas d'altitude et arêtes ciselées… les Pyrénées-Orientales offrent un paysage morcelé à l'origine d'une extrême diversité des espèces et des milieux. Pour le randonneur empruntant les multiples chemins et sentiers, le dépaysement est total et les trésors cachés se comptent par milliers.
Contrairement à l'ensemble du massif pyrénéen, la topographie des Pyrénées catalanes change.
Les trois vallées principales (du Tech, de la Têt et de l'Agly), séparées par des alignements montagneux, s'ouvrent en direction de la Méditerranée. Héritage de l'histoire géomorphologique et tectonique, les unités géographiques qui en dépendent sont responsables de contrastes prégnants.

Les plaines littorales

En longeant la mer en direction du sud, on entre en Pays catalan par la plaine de la Salanque. Ici, tout évoque la Méditerranée. En pénétrant à l'intérieur des terres, le mont Tauch et le massif des Corbières rompent la platitude tandis que le pic du Bugarach domine de ses 1 230 m la vallée du Fenouillèdes.

La côte vers Cap Gros. -NI-

En 1 : étang de Salses et Port-Barcarès. -GG-
En 2 : randonneurs en forêt juste avant Collade-Grande. -BM-
En 3 : vignes et vignobles depuis le pas de l'Escale. -NI-

Plus au sud, la plaine du Roussillon, qui ne s'élève pas à plus de 100 m, s'oppose à son tour aux premiers reliefs de la côte Vermeille et des Albères, couronnées par les 1256 m du pic Neulós. C'est au niveau de Collioure et Port-Vendres que les Pyrénées plongent dans la mer. La chaîne qui se prolonge, borde la basse vallée du Tech, marquant la frontière avec l'Espagne. La faille du Perthus s'inscrit comme une rupture avec le massif déjà plus montagnard du roc de France qui surplombe le moyen Vallespir drainé par le Tech.

1

Des curiosités géologiques

Fermant la vallée au nord, les montagnes du Canigó-Costabonne terminent la Serra de Cadi et le massif du Puigmal. Le relief imposant que présente cet alignement montagneux tient en partie aux régions basses qui l'entourent. Au-delà des plaines littorales et des deux vallées qu'elle domine (Vallespir et Conflent), la plaine de Cerdagne, fossé d'effondrement caractéristique, représente une réelle curiosité géologique.

2

Le « petit bout du monde »

En prenant la direction du nord, on pénètre en Capcir, plateau résultant également des ces grands effondrements. Ce « petit bout du monde » enserré entre le massif du Carlit et le Madres (2 489 m), tourne le dos à la Cerdagne et déverse ses eaux dans le bassin géographique de l'Aude. Balayé par le Carcanet, vent bien connu que nul ne peut oublier, ce territoire offre une nature riche et des paysages boisés piquetés de nombreux lacs d'altitude qui lui confèrent une beauté aussi remarquable qu'une quiétude envoûtante.

3

Diversité des paysages

Au carrefour du Capcir et de la Cerdagne, Vauban a fortifié la cité de Mont-Louis. C'est là que l'on entre en Conflent, vallée montagnarde qui suit la faille où coule la Têt et permet de redescendre vers la mer. Coincé entre le Canigó et le massif du Madres, le Conflent s'ouvre au niveau de Villefranche et se prolonge jusqu'à Rodès. Peut-être plus qu'ailleurs encore, ce bassin versant, recèle une diversité paysagère marquée. L'ensemble des vallées, parfois curieusement alignées, mêle paysages agricoles (cultures maraîchères, fruitiers, agriculture en terrasse), zones de pâturages réservées à l'élevage et espaces forestiers dont l'exploitation séculaire est intimement liée à la métallurgie locale.

La ligne de partage des eaux

Perché entre 1200 et 1500 m d'altitude, le fossé d'effondrement de la plaine de Cerdagne, largement mis en culture, a une particularité : ici, la frontière ne correspond pas à la ligne de partage des eaux et le Sègre, qui prend sa source sur le versant nord du Puigmal en Cerdagne française, déploie son réseau hydrographique vers l'Espagne.

À l'origine des roches et du relief

Le soulèvement de la chaîne Pyrénéenne est le résultat d'une collision entre la plaque de la péninsule ibérique et de l'Europe du Nord. Ce choc, relativement récent dans l'histoire de la Terre, s'est produit au cours de l'ère tertiaire il y près de 40 millions d'années. Il est responsable de la surrection de vieilles roches datant de l'ère primaire.

À l'origine des sources thermales et des mines…

De ces phases de compressions, distension, jeu de faille, le paysage s'est structuré. Aux schistes cristallins des crêtes du Puigmal

Fontaine à Jujols. -NI-

et du Carlit s'opposent les étendues granitiques de Targasonne et du Madres, ou bien les gneiss du Canigó et des Albères.

Les Pyrénées-Orientales présentent ainsi de grandes unités formées à des époques différentes de l'histoire de la Terre. De cette histoire sont hérités les réseaux de fractures d'où jaillissent les sources hydrothermales et où se sont concentrées les minéralisations telle la demie couronne métallifère qui ceinture le massif du Canigó.

D'une chaîne hercynienne à l'érosion oligocène

Hérités d'une ancienne chaîne montagneuse : la chaîne hercynienne, les granites des Bouillouses (300 Ma) ou les gneiss du Canigó (475 Ma), sont enchâssés dans les plus vieilles roches du département : les schistes datant de 500 Ma… Ces roches occupent aujourd'hui les hauts sommets, tels des îlots émergeant de la couverture sédimentaire, constituée de couches de sédiments déposés successivement entre 280 et 50 Ma. Autour de la zone axiale, au nord comme au sud, ces sédiments se sont plissés et forment les chaînons calcaires des Corbières ou les sierras catalanes plus étalées.

L'ensemble montagneux né de ce serrage et soulèvement de l'écorce terrestre va profondément être modifié et connaître un phénomène original et caractéristique à l'extrémité orientale des Pyrénées. En effet cette partie de la chaîne va subir une intense érosion durant l'Oligocène (35 à 25 Ma). À l'origine de l'arasement du relief, elle laisse place à de grandes surfaces d'aplanissement : les plas encore visibles aujourd'hui, tels que les plateaux de Montalba ou de Baixas.

De nombreux fossés d'effondrement

À partir de 20 Ma, c'est à de grandes failles comme celle du Tech et de la Têt, que l'on doit un nouveau soulèvement du relief. Liées à une distension généralisée du pourtour méditerranéen, elles provoquent le rehaussement de certains plats à leurs altitudes actuelles, comme le pla Guillem. Elles sont également responsables de la formation de bassins intra montagneux, ou fossés d'effondrement, aujourd'hui drainés par les principaux cours d'eaux : la Cerdagne, le Capcir, le bassin de Prades, la plaine du Roussillon ou encore le Vallespir.

Le temps des glaciations

Au lendemain du dernier soulèvement des Pyrénées, durant le Quaternaire, le climat se refroidit et la haute chaîne, du Canigó jus-

Stèle commémorative vers l'étang de Lanoux. -NI-

Les gorges de la Carança. -NI-

qu'aux montagnes basques, se couvre de glace.
Pour les Pyrénées-Orientales, situées au carrefour des influences climatiques atlantiques et méditerranéennes, l'œuvre des glaciers est plus marquée dans la partie occidentale du département. Alors que les vallées voisines de l'Ariège sont noyées sous une chape de glace pouvant atteindre 1000 m d'épaisseur, les vallées du Carlit sont ensevelies sous une calotte de près de 400 m. Sur les massifs du Canigó-Carança et du Madres, connaissant une forte atténuation des précipitations neigeuses d'origine atlantique et mal alimentés par les pluies de la Méditerranée, seuls de petits glaciers de cirques parviennent à se développer.
Durant plusieurs dizaines de milliers d'années, les glaciations se succèdent, marquées d'avancées et de reculs, jusqu'à l'assèchement du climat, il y a quinze à vingt mille ans, responsable de la disparition des glaces.

Trou dans le calcaire. -NI-

Refuge et randonneurs au Ras de Carança. -NI-

Les vestiges du temps des glaciers

De ce temps des glaciations, certes moins prégnant dans cette partie de la chaîne que sur l'ensemble des Pyrénées, persistent des vestiges partout visibles. Les innombrables petits lacs et laquets du Capcir, comme les lacs des Camporeils, sont confinés au fond de petits cirques creusés par les glaces. Moraine glaciaire d'Angoustrine, auge au sud de Saint-Pierre dels Forcats, dépôts sous forme de moraines constituées des débris arrachés à la montagne lors de la décrue (moraine frontale de Mont-Louis), terrains argileux ou sableux meubles recouvrant les fonds de vallées et plaines alluviales, sont autant de forme de relief et dépôts, hérités du temps des glaciers.

Randonneurs dans la montée finale au pic du Canigó. -NI-

La vallée d'Eyne. -NI-

Le port de Collioure. -NI-

Diversité topographique, géologique, mais aussi diversité climatique et floristique, voilà une autre particularité de ce territoire morcelé. Si les Pyrénées catalanes appartiennent au domaine méditerranéen, une mosaïque de « climats » s'y retrouve.

Le patrimoine de l'eau

Le ravin de Cal Cabous.-BM-

Avec l'eau, c'est tout un patrimoine paysager qui est créé : canaux et ruisseaux cheminent à travers les prairies de Cerdagne ; on trouve un grand nombre de sources dans les Albères ; les paysages arboricoles et maraîchers du Conflent et du Roussillon résultent d'une agriculture irriguée, grâce au fin maillage de canaux. Dans les zones de marais, l'eau est inhérente au paysage. Elle est souveraine sur le littoral et « source de bienfaits » dans les différentes stations thermales comme en beaucoup d'autres lieux.

Une mosaïque de climats

Entre tramontane et brise marine

Le climat méditerranéen caractérise la Salanque, le Roussillon et les Fenouillèdes, régions situées entre la mer et les premiers massifs montagneux. Territoire très ensoleillé, la plaine roussillonnaise est cependant fréquemment soumise aux caprices des vents. La tramontane, vent froid, sec et violent (jusqu'à plus de 100 km/h) venant du nord-ouest, entraîne des ciels bleus et dégagés. La brise de mer, venant du sud-est, apporte quant à elle pluie, brouillard et humidité. Les cultures maraîchères et la vigne jouissent de ce climat.

Les Albères, haute montagne ou massif méditerranéen ?

Dans les Albères, la végétation change aussi rapidement que le climat. Sur les sommets de ce chaînon, le houx et les genêts purgatifs offrent un paysage de haute montagne où les puits à glace rappellent la rigueur des hivers. En redescendant, la forêt de hêtre marque la limite de la condensation de l'humidité du vent marin et occupe une frange où le brouillard est fréquent. Plus en aval, la chênaie yeuse, le maquis puis les terrasses de vignes rappellent que l'on est sous influence méditerranéenne.

Vallespir, vallée de la pluie

Le moyen et le haut Vallespir sont abondamment arrosés. Les précipitations, importantes à la fin du printemps, au début de l'été et à l'automne, proviennent essentiellement de situations orageuses et de perturbations venant du sud-ouest. Les sécheresses estivales sont exceptionnelles et les orages prennent parfois des caractères violents. Les fortes précipitations et les crues, désignées sous le nom d'aïguats, ponctuent l'histoire de la vallée.

Le village de Maury et son vignoble.-BM-

Le Conflent, à l'abri des vents et des pluies

Derrière le massif du Canigó, la vallée de la Têt est à l'abri des vents marins tandis que le massif du Madres la protège de la tramontane. Le Conflent connaît ainsi une pluviosité réduite, et malgré l'altitude, le caractère d'une végétation sèche est prégnant. C'est ici que s'est développé pour les besoins de l'agriculture et de la population un important réseau d'irrigation.

Les Esquerdes de Rotja.-BM-

Le souffle du Carcanet en Capcir

Le Capcir est réputé pour son air sec, son ciel bleu et ses rares pluies. Cette plaine est soumise au vent froid et humide du nord : le Carcanet qui s'accompagne fréquemment du brouillard remontant de l'Aude. Du fait de l'altitude élevée et de son orientation, même les soirées d'été sont fraîches. Sillonnant les champs, les eaux qui descendent du Carlit ralentissent leurs courses et forment des mouillères tandis que sur les versants des massifs qui l'enserrent, les rhododendrons se mêlent aux forêts de pins à crochets.

Cultures en terrasse. -NI-

La station thermale de Vernet-les-Bains. -BM

Sous le soleil de Cerdagne

Four solaire d'Odeillo. -NI-

Ici, les pluies sont irrégulières et la pluviométrie faible. En revanche, la durée d'insolation est très importante. Elle a permis le développement de sites remarquables autour de l'énergie solaire (fours solaires d'Odeillo, et de Mont-Louis, centrale de Thémis).

Dénommé « altiplano », le plateau cerdan est caractérisé par un climat typique, sec et lumineux, particulièrement favorable à l'agriculture et à l'élevage tandis que les pins à crochets couvrent les pentes alentours.

Centrale solaire de Thémis. -NI-

Des châtaigniers pour les douelles

Le Vallespir est densément boisé, les hêtres couvrant les pentes du Canigó font face à de verdoyants châtaigniers plantés lors du développement de la viticulture et servant à la fabrication des douelles, les planches de bois formant les parois des fûts.

Gypaète barbu. -Réserve naturelle de Jujols-

Faune et flore

La richesse des Pyrénées-Orientales provient de la diversité de ses paysages et de ses nombreux milieux hétérogènes. Des espèces endémiques, adaptées aux conditions climatiques et aux reliefs se maintiennent dans ces milieux fragiles, du littoral aux massifs montagnards. Pour le promeneur, la traversée du département offre un maelström de couleurs et de rencontres magiques.

La mer et ses mystères

Le littoral, dessiné par les embruns, mélange de côtes sableuses à végétation souple et de côtes rocheuses érodées, borde une mer peuplée de nombreuses créatures mystérieuses comme l'hippocampe et, plus en profondeur, comme le mérou ou les mostelles. À 15 m de fond, un tapis vert sombre, les prairies de posidonies, plantes marines endémiques de la Méditerranée, constitue un réservoir alimentaire où de nombreux poissons viennent frayer. Entre 30 et 40 m, c'est le corail rouge, invertébré marin menacé qui se maintient dans ces eaux chaudes.

Ballet nuptial sur le littoral

Sur le bord, les dunes formées par le vent sont un lieu d'accueil pour de nombreuses espèces résistantes aux sels et aux embruns. La flore qui participe à leur stabilité est très sensible aux piétinements et doit être protégée de la fréquentation estivale. Au printemps, les étangs et mares temporaires, proches du littoral, s'animent de mille cris. Les oiseaux migrateurs se mélangent aux locaux pour le grand ballet des parades nuptiales. On y observe des sternes, des goélands, des flamants roses, des aigrettes garzettes, des hérons, des canards, des sarcelles. Attention, les zones de nichées, pour la plupart situées au sol, sont très sensibles à la fréquentation (écrasements des œufs, abandon des nichées par les parents apeurés) : l'observation de loin est à privilégier.

Isard. -PG-

Page de gauche : Orchis tachetée. - PG-

La garrigue et ses senteurs

Plus en amont, la garrigue, grignotée au cours du temps par la forêt notamment de chênes verts, succède au littoral. Ce milieu, dominé par la sécheresse et la chaleur, est un havre de découverte sensorielle : les couleurs et les odeurs du thym, de la lavande et du romarin sont partout présentes. Ce milieu sec a été propice à l'installation du seul reptile d'origine africaine, la couleuvre de Montpellier qui peut dépasser deux mètres de long.

Panicaut de bourgat.-PG-

Le grand tétras

Les randonnées en montagne sont l'occasion de côtoyer de près une faune et une flore remarquables. Des espèces se sont réfugiées là, au calme, loin de la civilisation : il est important de respecter chaque lieu et d'acquérir un comportement en adéquation avec la sauvegarde de la biodiversité, il en va du maintien de certaines espèces. Le grand tétras en est l'exemple parfait : c'est un des plus beaux spécimens de la faune avicole pyrénéenne, il ne tolère pas le dérangement pendant l'hiver et encore moins lors de l'accouplement : sa reproduction en est réellement compromise. Cette espèce vit dans les vieux massifs forestiers, riches en clairières où la myrtille abonde. Il se nourrit d'aiguilles de conifères en hiver, de bourgeons et de jeunes pousses au printemps, d'herbacées et de baies variées en été et en automne.

Marmotte. -NI-

La montagne, royaume des rapaces

Les moyennes montagnes, sont également le royaume des rapaces rupestres, aigle royal, vautours fauves... Elles abritent notamment l'emblématique gypaète barbu, vautour caractérisé par deux barbiches noires auxquelles il doit son nom. Le plumage de son ventre est naturellement blanc (noir chez l'immature), mais bien souvent le gypaète lui donne une teinte ocre-roux en se baignant dans la boue ferrugineuse. La particularité de ce vautour est de se nourrir exclusivement d'os. Un autre vautour prestigieux a, depuis peu, fait son retour dans les Pyrénées-Orientales : le vautour percnoptère, le plus petit des vautours européens. En vol, ils se distingue des autres rapaces par ses ailes blanches bordées de noir et par son bec, long et mince.

Vautour fauve.
-BB/Réserve naturelle de Jujols-

Gentiane printanière. -NI-

Pins sylvestres. -ONF-

Hêtraie Boucheville. -ONF-

Ci-contre : pins à crochets. -ONF-

Pureté de l'eau et espèces endémiques

Euprocte. -PG-

L'extrême pureté de l'eau des lacs et des torrents de montagne permettent à deux espèces endémiques des Pyrénées de se maintenir : le desman ou « rat trompette », animal étrange possédant une trompe mobile et préhensile qui, comme chez l'éléphant, est le résultat de la fusion des narines et de la lèvre supérieure. La deuxième espèce endémique est l'euprocte des Pyrénées qui fait partie de la famille des salamandres.

Vers les sommets

Au loin, dans la montagne, on peut entendre un sifflement d'alerte, il dénote la présence d'une population de marmottes. Disparue définitivement du Sud-Ouest à la fin du Pléistocène, elle fut réintroduite dans les Pyrénées en 1948. Dans les mêmes hauteurs, habite l'isard des Pyrénées, petit ongulé sauvage aux pattes frêles. Cet autre emblème de la montagne pyrénéenne faillit disparaître dans les années 1940.
La flore nombreuse accompagne également l'ascension vers les sommets. Le saule des Pyrénées et ses rameaux tortueux peuplent les zones calcaires où les neiges de l'hiver persistent jusqu'au printemps. Le panicaut de Bourgat est un chardon d'une cinquantaine de centimètres aux fleurs bleu intense.

Partout, des fleurs et des arbres

Hêtres, chênes-lièges, pins sylvestres et à crochets, pins maritimes, tulipes, gentianes, lys, orchidées... c'est tout un carnaval de couleurs qui s'offrent au promeneur partout dans les Pyrénées-Orientales.

Animal massif, solitaire et capable de sociabilité, l'ours brun est le plus grand mammifère terrestre de France métropolitaine. Jadis, occupant l'ensemble des plaines européennes, il s'est aujourd'hui réfugié dans les montagnes.

En grimpant au Carlit... -NI-

Dans le massif du Carlit et au-delà

Au 19e siècle, l'ours brun, *« Os »* en catalan, disparaît des Pyrénées-Orientales. Il faut attendre les années 1990 pour qu'il signe son retour sur le massif du Carlit grâce au projet de repeuplement, à partir de lâcher d'ours brun de souche slovène. Depuis, un à deux mâles occupent parfois une partie du massif, leur territoire englobant un vaste ensemble orographique, de la Haute Ariège au plateau du Pays de Sault dans l'Aude. Globalement, les Pyrénées françaises et espagnoles n'abritent qu'une vingtaine d'ours, une population en deçà du minimum viable avec trop peu de femelles, ce qui les condamne à disparaître si un nouveau programme de repopulation n'est pas mis en place.

Un noctambule farouche

Discret et farouche, le « vagabond » choisit pour ses lieux de remises, de couches et de tanières, les zones abruptes et escarpées où il trouve la quiétude. Omnivore, à dominante végétarienne, l'ours brun est un grand opportuniste qui peut se transformer en prédateur efficace, de brebis non protégées notamment. L'observation visuelle d'un ours reste un événement rare et ce noctambule signe son passage par des traces et des indices ténus (empreintes, arbres griffés...). La peur de l'homme l'éloigne de tout contact.

Le retour de l'ours dans les Pyrénées est l'occasion de rechercher des formes de coexistence, de tolérance et d'acceptation entre les humains et la biodiversité.

L'ours Néré en 2003
Piège photographique
-Jean-Jacques Camarra, ONCFS-

Des territoires et des hommes

L'homme a toujours su s'adapter à son milieu, trouver des réponses à ses besoins, construire et aménager l'espace en utilisant les ressources dont il disposait. Ici, la mer ou la montagne, les forêts ou les pâturages, les gisements miniers et les carrières (ardoisières, marbre, granite) ont influencé les activités des hommes, leur habitat. Ils ont permis le développement d'une économie traditionnelle qui, à l'image des territoires, reste très diversifiée.

Fête traditionnelle catalane « els castellers ». -MJ-

Les activités traditionnelles

• **Mines de fer et charbon de bois :** sur tout le pourtour du massif du Canigó et dans les hauts cantons comme dans la vallée du Carol, les hommes ont toujours vécu de l'agriculture traditionnelle mais ils ont, durant des siècles, trouvé dans la mine, la forge et les activités annexes à la sidérurgie, un complément de ressource indispensable. Jusqu'au milieu du 19e siècle, la forêt répondait, au-delà des besoins domestiques, à la fabrication de charbon de bois indispensable à l'industrie du fer séculaire. Progressivement dégradés et restreints ces espaces forestiers ont dès le Moyen Âge laissé place à d'immenses étendues réservées au pacage des troupeaux. L'élevage persiste d'ailleurs dans les zones d'altitude et la production de viande bovine et ovine bénéficie de labels de qualité. Il existe deux AOC : l'agneau catalan et le Rosée des Pyrénées (veau).

• **Du liège et du coton :** sur les flancs des Albères, le chêne-liège, essence méditerranéenne que l'on retrouve jusqu'à 700 mètres d'altitude, est depuis longtemps exploité. Près de 5 000 hectares de suberaies maintiennent la fabrication ancestrale de bouchons de liège, même si plusieurs des entreprises locales ont investi et délocalisé une partie de la production à l'étranger (Espagne et Portugal). Autre jalon jadis important de l'économie : l'industrie textile qui ne subsiste actuellement qu'au stade artisanal. Avec la fabrication de la célèbre « vigatana », espadrille catalane, et des toiles de coton, les filatures du Vallespir connurent, au début du 20e siècle, leur âge d'or.

Les fêtes

Elles sont nombreuses en Catalogne, presque aussi nombreuses que les villages et si la sardane se danse un peu partout, chacune a sa spécificité, de l'Aplec des mineurs à Escaro à la festa del ferro en passant par celles qui réactivent mythes et croyances anciennes comme la fête de l'ours en haut Vallespir. Les processions sont nombreuses à commencer par l'impressionnante procession de la Sanch à Perpignan et la Saint-Jean se fête partout, notamment au sommet du Canigó où un immense feu est allumé, visible de tous les villages alentours.

L'habitat

Le village d'Eus. -NI-

Maison de Lamanère. -BM-

• **Côté campagne :** le traditionnel mas catalan, une maison-bloc inspirée de la villa romaine, se caractérise par sa forme massive, sa façade caractéristique donnant sur la grande cour. Chaque territoire le décline à sa façon, selon les matériaux locaux (briques assemblées à des galets, granite...) et l'utilité que l'on en fait. En Cerdagne par exemple, le rez-de-chaussée sert aux provisions et au fournil, l'étage aux habitations... Cal Mateu à Sainte-Léocadie est une ferme typique de l'architecture agricole cerdane, abritant un musée dont les collections invitent le visiteur à découvrir la vie paysanne d'antan. Maison d'habitation, grange, étable, cour intérieure et dépendances, constituent un ensemble de bâtiments exceptionnel. À côté de ces grandes fermes implantées dans les vallées, les orris (cabanes de bergers) ponctuent les paysages d'estives et rappellent l'importance que représentait l'élevage tandis que les dernières baraques de pêcheurs, en « paille des étangs », subsistent au bord des étangs littoraux.

Maison dans Saint-Martin-de-Fenouillet. -NI-

• **Côté ville :** si Perpignan est une ville de brique rouge, Villefranche-de-Conflent est une cité de marbre rose, Valcebollère un petit hameau de schiste et Font-Romeu une ancienne cité climatique de granite. De l'âge d'or et des grands changements économiques et culturels que connaît la Catalogne à la Belle Époque, on peut admirer les demeures de riches industriels comme le célèbre Grand hôtel de Font Romeu, la villa de las Indis à Arles-sur-Tech ou le château Ducup à Perpignan.

Zarzuela. -RB-

La gastronomie

Si la *cargolade* (grillade d'escargots) ou les *bunyetes* (beignets) de Pâques sont les plats typiques des familles catalanes, de la montagne à la mer, les gastronomes avertis peuvent déguster des mets extrêmement variés tels que la *bullinada de peix* (soupe de poisson), la *zarzuela*, l'*ollade* ou le boudin noir au navet de Cerdagne.

Dans les Pyrénées-Orientales, l'agriculture est primordiale. Si la viticulture est prépondérante et que l'élevage persiste, le secteur des fruits et légumes reste important, favorisé par une terre particulièrement fertile et un climat idéal... à condition que l'eau soit en quantité suffisante.

Pas d'agriculture sans eau

Canal de Bohère près de Nogarols. -BM-

La tradition du maraîchage

Ici, pour faire face à l'évolution d'une agriculture qui se modernise, les exploitations d'antan ont laissé place à la spécialisation.

Côté fruits, la pêche (plus de 80 000 t/an) supplante l'abricot (20 000 t/an). La pomme est toujours présente dans les vallées du Conflent et du Vallespir et comme le veut la tradition, on envoie toujours des cerises de Céret au Président de la République.

Côté légumes, salades (75 000 t/an) et tomates sont les grandes cultures des plaines littorales et poussent désormais dans les serres.

L'élevage, dans les montagnes

Plus de 50 % de la surface agricole utilisée sont constitués par les herbages. Pourtant la production animale n'est pas si importante : l'élevage, bovin et ovin, ne représente plus une activité économique majeure mais reste toutefois ancrée dans le paysage. Dans les hauts cantons de Cerdagne la culture des céréales a été privilégiée et c'est principalement en Capcir, où la terre est aride et le climat plus froid, que l'on trouve les troupeaux, des moutons essentiellement. Ici, l'élevage extensif donne d'excellente appellation : « *Rosée des Pyrénées* » pour le veau élevé sous la mère, « *Vedell* », « *Viande de Cerdagne Capcir* » pour l'agneau catalan.

Un important réseau de canaux

Le développement de l'agriculture et les besoins en eau, indispensables aux nombreux villages accrochés aux flancs des versants ou confinés au cœur des vallées, ont entraîné le développement de l'irrigation, notamment dans le Conflent. Aménagé dès le Moyen Âge, un important réseau de canaux, alimentés par les rescloses (prises d'eau), s'est déployé sur les pentes montagneuses et sur l'ensemble du territoire. Il a permis d'alimenter les villages et, jusqu'au 19e siècle, était une source d'énergie pour les moulins et les nombreuses forges qui battaient le fer. Il est naturellement à la base du développement rural et économique qui a permis de diversifier les cultures. On compte aujourd'hui plus de 300 canaux qui font partie du patrimoine avec, à chaque obstacle, aqueducs, siphons ou tunnels.

Photos ci-contre : Source Aigua Fresca à Nyer. -NI-
Troupeau caprin sur la serre de Caret sur le GR 10. -BM-
Village de Vinça. -BM-
Troupeau bovin à l'étang Gros. -NI-

Tourisme vert et randonnées

-AB-

En Pyrénées-Orientales, le tourisme n'est pas seulement synonyme de plage, de soleil et de farniente. Il sait se conjuguer avec nature, grands espaces et randonnées. En effet, l'ensemble du territoire départemental est propice à la pratique de la randonnée. De la moindre colline plantée de vignes ou d'oliviers jusqu'à l'imposant massif du Canigó ou du Carlit, tous les paysages sont accessibles grâce à un incroyable maillage de chemins, de sentiers.

GR et HRP

Le GR* 10, traverse le département en neuf étapes, du col de la Coume d'Agnel à Banyuls-sur-Mer et la partie départementale du GR 36, du col de Corbasse à Bourg-Madame, peut se réaliser en 8 jours. La haute randonnée pyrénéenne (HRP) pénètre le département à la hauteur du col du Puymorens et file, en dix étapes, sur Banyuls, par un tracé confiné aux crêtes frontalières.

Le sentier du littoral

Ce sentier proposé pour partie dans deux itinéraires de ce guide, longe la côte. Il est jalonné, dans sa partie nord, de panneaux explicatifs, en français, catalan, anglais et allemand. Il part de la Réserve Naturelle du Mas Larrieu au nord jusqu'à la plage de l'Ouille et se poursuit au-delà, d'Argelès-sur-Mer par Collioure et Port-Vendres jusqu'à la route des Crêtes. D'autres balades, voies vertes, voies historiques, sont proposées aux promeneurs à travers tout le département.

Toutes les formes de balade

Les parcours à pied, à VTT, à cheval, sont nombreux au cœur de l'immense Parc Naturel Régional des Pyrénées catalanes, de Canigó Grand Site, de la Réserve de Nyer ou encore le long du sentier littoral qui traverse la magnifique baie de Paulilles. On peut aussi pratiquer la plongée dans les eaux claires de la réserve marine de Banyuls-Cerbère.

* *GR est une marque de la FFRP.*

Protection et entretien des espaces naturels

Le Conseil Général participe activement à la protection et à l'entretien de ces espaces naturels, en gère lui-même certains. Les accès en sont réglementés mais ils demeurent accessibles à tous.
C'est ainsi qu'il faut concevoir la nature : liée à l'homme, faite pour lui et placée sous sa responsabilité.

Un des nombreux étangs : El Viver près des lacs des Bouillouses. -NI-

Les voies de communication

***A**ucune des trois rivières (Agly, Tech et Têt) n'étant navigables, les déplacements, à l'intérieur du pays catalan, ne peuvent se faire que par routes, chemins et sentiers. Dictés par les nécessités économiques, de l'humble pastoralisme à la grande industrie, les vestiges de la* Via Domitia, *la route du fer ou les chemins de transhumance font se rejoindre le passé et le présent.*

Sur la côte

Carrefour de la Méditerranée, les Pyrénées-Orientales furent le théâtre de bien de grands desseins, l'enjeu de rivalités entre peuples, États et Nations... La côte sableuse, des étangs du Barcarès à celui de Canet, n'était qu'une zone de marécages, infestée de moustiques d'où l'on ne tirait rien d'autre que de la fièvre et du sel, jusqu'à ce que les Templiers firent assécher quelques étangs. De la Côte Rocheuse, il n'arrivait rarement autre chose que pillards ou envahisseurs dont l'approche était signalée depuis l'une ou l'autre des nombreuses « tours à signaux ». Au long des siècles, la maîtrise de la Méditerranée étant devenue primordiale, les pouvoirs qui se succédèrent eurent à cœur de tracer dans les rochers un sentier permettant de surveiller les allées et venues maritimes d'Argelès à Cerbère. Ce *sentier littoral*, dit « chemin des douaniers » est aussi nommé « chemin des contrebandiers »...

Des montagnes dans l'histoire

Ici, la frontière n'a jamais été une barrière mais une ligne de transgression, de franchissements depuis la crête des Albères jusqu'au fin fond de la Cerdagne.
Franchissements parfois douloureux : en février 1939, ce sont près de 500 000 Républicains espagnols qui, en quelques jours passèrent en terre de France, passant par le Perthus, Cerbère ou Prats-de-Mollo. C'est par Fontfrède et Las Salinas, sur les hauteurs de Céret, que les maquisards faisaient passer en Espagne ceux qui fuyaient le nazisme. C'est à Port-Bou, après avoir franchi le col de Banyuls que Walter Benjamin mourut d'épuisement et de désespoir...

Sentier du littoral du Racou à Port-Vendres. -NI-

Le vent de l'Histoire s'est peu à peu calmé, les frontières ont bougé, la carte de la Méditerranée a été redessinée, celle de l'Europe aussi... Que reste-t-il de cette agitation ? Des voies rapides, des routes tranquilles, d'humbles chemins, des sentiers abandonnés puis redécouverts que nous empruntons par nécessité ou par plaisir.

Les chemins de transhumance

Longtemps, le « petit peuple » eut des préoccupations vitales : rester en vie, manger à sa faim. Pour cela, il sillonnait (fort prudemment, jamais plus loin qu'une journée de marche) les routes longeant le cours des rivières formant les trois vallées. Mais, le plus souvent, il empruntait les chemins de traverse reliant une vallée à l'autre.

Troupeau d'ovins. -ONF-

Chasseurs et bergers se sont transmis la connaissance des « camis ramaders », ces chemins de transhumance, qui, jalonnés d' « orris », à flanc de montagne ou franchissant les cols, permettent de passer de Cerdagne en Conflent, de Conflent en Vallespir, de Vallespir en Albères, sans jamais descendre au fond des vallées. L'élevage et le pastoralisme se sont aujourd'hui raréfiés. La transhumance des « Princes Noirs », les chevaux de race mérens qui cavalent de Porté-Puymorens à Montesquieu-des-Albères, est devenue un événement très apprécié du public. Il en est de même pour la « F'estiv » d'Eyne où l'on est invité à accompagner les vachers tout au long d'une journée.

Orri. -NI-

Cheval de Mérens. -EL-

Le col du Perthus d'Hannibal à l'A 89

Aujourd'hui, c'est l'autoroute qui franchit le col du Perthus... Difficile d'imaginer combien d'hommes, de chevaux, voire d'éléphants sont passés par là, tout au long de l'histoire. Le col permet de passer 800 m en deçà des crêtes qui le dominent. La légende veut que le général carthaginois Hannibal ait franchi les Pyrénées par ce col, (mais plus vraisemblablement au col de la Perche...) lors de la deuxième guerre punique qui opposa Rome à Carthage, à la tête d'une armée de 80 000 fantassins, 10 000 cavaliers et... 40 éléphants.

Une chose est sûre : la *via Aurelia* utilisait ce passage. Il subsite des vestiges de fortifications romaines et des traces de chars, polies dans la roche.

César, Pompée, Auguste et Hadrien sont passés par là, ainsi que des armées entières. Le col figure, sous le nom de *Summum Pyrenaeum*, sur la carte de Peutinger, l'une des plus anciennes cartes connues à ce jour. Comme tous les passages stratégiques, il fallait payer pour le franchir et de nombreuses marchandises transitaient par lui. Pourtant, il fallut attendre 1777 pour y voir la première route carrossable, route qu'empruntaient encore les diligences au début du 20e siècle.

Au col du Perthus, monument de Ricardo Bofill. -MC-

De Tautavel à l'âge de fer

C'est dans les Pyrénées-Orientales que l'on a trouvé les plus anciennes traces d'activités de l'homme connues en Europe : elles ont un million d'années. La présence humaine, tout au long de la Préhistoire, se manifeste sur plusieurs sites, à commencer par Tautavel.

L'homme de Tautavel et ses ancêtres

Les outils de pierre, retrouvés aux bords des cours d'eau, attestent d'une présence humaine qui remonte à environ 1 million d'années. Il s'agissait d'homo erectus, ancêtres de l'homme de Tautavel qui vivaient ici voilà 450 000 ans. L'homme de Néandertal (60 000 ans av. J.-C.) lui succédera, puis l'homo sapiens (40 000 ans av. J.-C.), dont les traces sont visibles à Salses, Vinça ou dans les grottes de Corbère-les-Cabanes, Villefranche-de-Conflent ou Corneilla.

Les premiers bergers

L'homo sapiens-sapiens (40 000 av J.C.) nous a laissé des gravures en plein air et d'autres témoignages à Fuilla, Vingrau, Estagel, Opoul... Plus près de nous, au Néolithique, la présence des premiers bergers et paysans se manifeste sur de nombreux sites, comme à Montbolo où l'on a retrouvé 244 vases. Leurs sépultures, datant du troisième millénaire, ne sont pas rares dans la région.

La civilisation des « Champs d'Urnes »

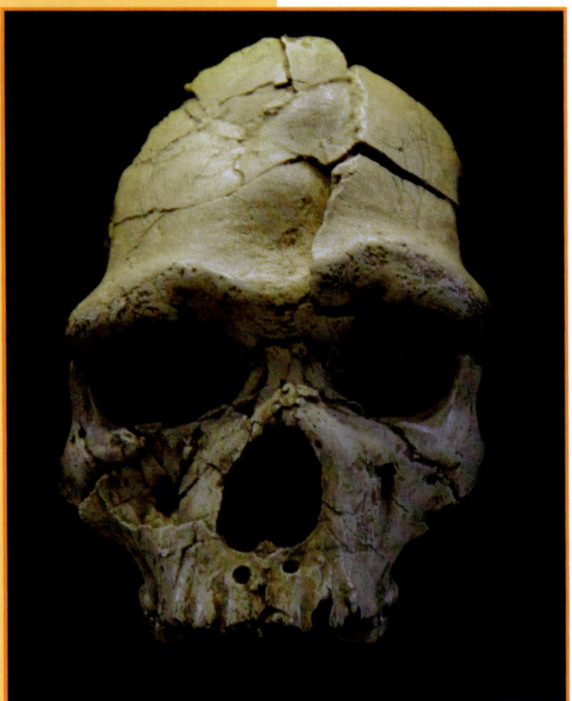

De l'âge de fer (850 av. J.-C.), il nous reste de nombreux oppida (postes de défense) et les « champs d'urnes » (nécropoles à incinération) de Caramany, Millas, Serralongue et Céret...

Cette civilisation très organisée voit le développement du travail du fer qui deviendra une spécialité catalane et la naissance des premières agglomérations importantes, Ruscino (aujourd'hui « Château-Roussillon ») et Illiberis (Elne).

Crâne de l'Homme de Tautavel visible dans le musée de Tautavel. -MC-

TAUTAVEL AU CŒUR DE LA PRÉHISTOIRE

Le village de Tautavel. -NI-

La Caune de l'Arago

Située à proximité du village de Tautavel, cette grotte perchée qui domine la vallée de l'Agly abrite l'un des plus gros gisements préhistoriques du monde. En 1971, un crâne y est découvert et, dans la foulée, plus de 100 autres fossiles humains. Ces vestiges ont permis de reconstituer la vie et l'environnement de l'homo erectus et laissent présager que le lieu fut fréquenté de 690 000 à 100 000 ans avant notre ère.

600 000 ans de variations climatiques y sont également archivés.

Dolmen sur la PR N° 21. -NI-

Qui était l'homme de Tautavel ?

L'homme de Tautavel est l'un des plus vieux Européens. Il vivait là, il y a 450 000 ans, avec des congénères, dont il ne reste que quelques ossements. Âgé de 20 ans, il mesurait 1,60 m et ne maîtrisait pas encore le feu mais était excellent chasseur. On peut penser qu'il avait choisi cette grotte pour son emplacement « stratégique » : de là, il pouvait dominer la vallée, la source d'eau et par conséquent ses proies.

Le Musée et le Centre Européen de Préhistoire

Tautavel est devenu pôle d'excellence européen pour la Préhistoire. Le musée présente au public les grandes étapes de l'aventure humaine à travers la reconstitution grandeur nature de scènes de vie, notamment une scène de chasse en multimédia. En période de fouille, d'avril à septembre, une liaison numérique avec la grotte permet au visiteur de vivre les recherches « en direct ».

Parallèlement, un centre de recherche interdisciplinaire du CNRS et de l'université de Perpignan étudie l'environnement et l'évolution de l'homme préhistorique.

La Préhistoire récente au musée de Bélesta

Le musée présente, dans le décor du château médiéval, des collections issues de la grotte de Bélesta. Dans une salle de cet aven, une tombe collective fut découverte en 1983. Les fouilles qui suivirent ont livré des témoignages de la vie quotidienne des premiers paysans du Roussillon. Plusieurs reconstitutions grandeur nature évoquent la vie au Néolithique.

Musée de Tautavel
04 68 29 07 76

Musée de Bélesta
04 68 84 51 06

L'époque antique

La colonisation romaine durera plusieurs siècles, les vestiges en sont nombreux : thermes d'Amélie-les-Bains, aqueduc-viaduc d'Ansignan, forges de Vernet-les-Bains, de Rigarda ou d'Arles-sur-Tech... Mais c'est surtout l'esprit romain, la culture, le droit ou encore l'ingéniérie, qui marqueront à jamais le Roussillon.

Des influences diverses

Dès le 5e siècle av. J.-C., les sites de Salses, Collioure et Port-Vendres sont des lieux d'échange avec le reste du monde méditerranéen pour les habitants de la région. Ces derniers subissent des influences diverses : celle des Ibères, puis des Celtes (à partir du 3e siècle av. J.-C.), ainsi que celle des Phéniciens, des Etrusques et des Grecs.

La domination romaine

En 121 av. J.-C., les Romains s'emparent de la Gaule du sud et créent une vaste et riche province, «La Narbonnaise», qui s'étend de Perpignan à Nice. Ils favorisent le développement du Roussillon et construisent la *Via Domitia* (Voie Domitienne) qui passe à Rivesaltes, Ruscino et Illiberis (Elne). Ils exploitent les mines de fer du Canigó et créent un réseau d'irrigation à base de canaux, de fossés et d'aqueducs...

Une expansion freinée par les événements

Durant les siècles de colonisation romaine, l'expansion de la région est souvent freinée par les invasions barbares, les révoltes autochtones, les querelles intestines à l'Empire...
Vers 260, les Francs partant à l'assaut de l'Espagne sèment la terreur dans la région : Ruscino est entièrement détruite. En 350, l'assassinat du fils de Constantin à Elne souligne l'importance de la région dans l'Empire romain du 4e siècle. La période romaine prend fin avec l'arrivée des Wisigoths au 5e siècle.

Survivance de l'esprit romain ou jeux du stade modernes ? Les fiers «gladiateurs» de l'USAP ont été sacrés champions de France de rugby en 2009. -GG-

Vestiges d'un monastère installé sur l'antique Via Domitia au passage du col de Panissars. -MC-

Via Domitia et *Portus-Veneris*

Lorsque, voici plus de 2 100 ans, les Romains entreprirent, du temps du proconsul Domitius (121 av. J.-C.) la construction de cette « autoroute antique » qu'est la Via Domitia, c'était pour relier le plus rapidement possible (à raison de 30 ou 35 km par jour...) la capitale de leur Empire à leur province ibérique tarraconaise. Pour des raisons de commodités administratives et militaires, d'opportunités commerciales... mais aussi avec quelque arrière-pensée d'élargir un peu plus leurs propriétés vers le sud.

Ces pierres latérales que l'on devine délimitaient l'emprise d'une voie ancienne. -ED-

Voies terrestres

Le tracé de la Via Domitia s'appuyait sur l'existant : des zones de population déjà constituées, organisées, sécurisées, offrant à distances régulières des possibilités d'abri et de restauration pour les hommes et leurs montures. Descendant, après avoir franchi les Alpes, la vallée du Rhône, cette route empruntait, via Narbonne, un itinéraire auquel se superpose, approximativement, le tracé de l'autoroute A 7 et cela jusqu'à Ruscino, située à quelques kilomètres à l'est de Perpignan. À partir de cette cité stratégique (détruite par les Francs vers l'an 260), la via Domitia se séparait en deux «voies secondaires». L'une menait jusqu'au «Summum Pyrenaeum», l'actuel col du Perthus. L'autre voie conduisait, probablement par Illiberis (Elne), à un port naturel qui fut baptisé Portus-Veneris en hommage à Vénus, aujourd'hui Port-Vendres. Une liaison avec tous les ports de la Méditerranée, porte de l'Orient.

Liaisons maritimes

Diverses recherches archéologiques ont révélé que les Romains acheminaient et exportaient par la Via Domitia et Portus-Veneris des matières premières comme le sel (venant de Salanque) et le fer (qu'ils extrayaient à ciel ouvert sur les versants du Canigó). Ils importaient par les mêmes voies, nombre de produits manufacturés... Ces échanges ont perduré et ont excité, de siècle en siècle, la convoitise des pirates. Ce qui explique sans doute que jusqu'à la fin du Moyen Âge, et même au-delà, la population était bien plus importante sur les hauteurs et dans «l'arrière-pays» : le «petit peuple» se tenait prudemment à l'écart de la mer.

Le Moyen Âge

Des Wisigoths du Haut Moyen Âge au soulèvement des comtés contre Louis XI en 1473, l'époque sera pour le moins mouvementée. Et, dans le bruit et la fureur de l'Histoire, le royaume de Majorque apparaît comme l'apogée de la Catalogne du nord.

Les Wisigoths

Les Wisigoths se maintiennent du 5e au 7e siècle dans la région et contribuent à son renouveau. Ils y introduisent le christianisme. En 567, la création de l'évêché d'Elne fait entrer le Roussillon dans l'Église romaine. En 672, l'ancienne Narbonnaise, devenue Septimanie sous le règne de Théodoric II en 462, se révolte et réclame son indépendance. Wamba, dernier grand roi wisigoth d'Hispanie, met fin à cette velléité d'émancipation.

Les Carolingiens

L'invasion du Roussillon par les Berbères, à partir de 711, est suivie, 50 ans plus tard, de la reconquête carolingienne. Sous Charlemagne, les Hispaniques, fuyant le désordre du sud des Pyrénées, affluent. Les Carolingiens nomment les premiers comtes autochtones. Les plus célèbres seront Sunifred Ier (844-848), comte d'Urgell-Cerdagne et ses fils Miro, Radulf et Guifred, dit le Velu, comte d'Urgell puis de Barcelone (870-897). C'est lui qui fonde la dynastie nationale catalane au pouvoir jusqu'au 15e siècle... et donne à la Catalogne sa bannière sang et or.

L'époque féodale

En 993, les comtes du Roussillon s'établissent définitivement à Perpignan. Le dernier d'entre eux, Girart II, excédé par les querelles familiales, lègue à sa mort, en 1172, ses domaines, dont le Roussillon, à son éternel rival, Alphonse Ier, comte de Barcelone et roi d'Aragon. Son fils, Pierre II «le Catholique» (1196-1213), crée en 1197 la commune de Perpinyà, lui accordant le privilège de s'administrer elle-même. Son fils, Jacques Ier «le Conquérant» est à l'origine de l'ascension de la ville et lui donne le statut de capitale du royaume de Majorque.

C'est au 12e siècle que les Juifs s'installent en Roussillon, bénéficiant de la protection royale.

L'origine du blason sang et or

La légende veut que Guifred le Velu, voulant venger son père, provoque en duel Salomon qu'il tue. Lui-même blessé, il trempe ses doigts dans son sang et fait quatre traits rouges sur son bouclier doré. L'historien préfère rappeler qu'en 1068, Sanche Ramires, héros de la lutte contre les Maures, place son royaume sous la bienveillance du Pape, il est autorisé à en porter les couleurs : le rouge et le jaune.

Photo du haut : drapeau catalan. -GG-
Photo du milieu : le Castillet à Perpignan. -NI-
Ci-contre : pour protéger sa nouvelle frontière des attaques du comte de Toulouse, Alphonse 1er fera édifier la forteresse de Salses. -MC-

Le palais royal construit sur le Puig del Rey entre 1270 et 1300 est la résidence des rois et le centre de commandement de la principauté. Cet ensemble à l'architecture d'influence gothique majorquin sera complété par des casernements et clos de remparts, après 1500, sous Charles-Quint. - MJ-

De Jacques le Conquérant au dernier roi de Marjorque : 1276 - 1344

Quand Jacques le Conquérant abdique pour endosser l'habit de moine, dans lequel il mourra en 1276, il est à la tête d'un vaste domaine qu'il décide de partager entre ses deux fils. Pierre II, l'aîné, hérite du comté de Barcelone, du royaume d'Aragon et de Valence. Jacques II, le cadet, devient, en 1276, le premier « roi de Majorque, comte du Roussillon et de Cerdagne, seigneur de Montpellier. » Il le restera jusqu'à sa mort en 1311. Son fils, Sanche Ier, lui succède (1311-1324). Le neveu de celui-ci, Jacques III, sera le dernier roi indépendant du royaume de Majorque (1324-1344).

L'apogée de la Catalogne du nord

Cette courte période semble être celle de l'apogée de la Catalogne du nord. Jacques le Conquérant et sa lignée, hommes et femmes d'exception, intelligents, raffinés, courageux, marquent la région de leur empreinte. Le développement de l'industrie du textile et du négoce international s'accompagne d'un essor démographique, d'une avancée des libertés communales et d'un aménagement durable de l'ensemble du territoire. Perpignan, capitale du royaume, ville marchande et industrielle, prospère. Les rois font construire des joyaux architecturaux, du palais des rois de Majorque à la cathédrale Saint-Jean-Baptiste… Mais, cette époque est aussi celle des grandes épidémies de peste, de l'Inquisition née en 1233 et de guerres fratricides.

Détail de la forteresse de Salses. -MC-

Querelles en famille

Le royaume de Majorque sera, dès sa création, convoité par les rois d'Aragon, comtes de Barcelone. Bien que les deux frères aient juré à leur père Jacques le Conquérant, de "faire régner entre eux la paix et la concorde perpétuelle", Jacques II de Majorque doit affronter son frère Pierre II et, plus tard, ses successeurs. En 1344, la défaite de Jacques III face à Pierre III le Cérémonieux, met fin à l'indépendance du royaume de Majorque qui réintègre le comté de Barcelone. Dans un ultime combat pour la reconquête de son héritage, Jacques III trouve la mort en octobre 1349. C'en est fini de la dynastie des rois de Majorque.

Les temps modernes

***1659 :** l'histoire de la Catalogne du nord est une histoire intense et complexe, mais s'il fallait faire court et retenir une date, on pourrait simplement dire qu'il y a « un avant et un après le traité des Pyrénées ».*

Vue aérienne de Perpignan. -MC-

Le Roussillon, enjeu stratégique

Le Roussillon aura été un enjeu permanent et le champ de bataille préféré des têtes couronnées du nord et du sud de l'Europe pendant plusieurs siècles. Parallèlement, il aura été, du règne de Louis XI à celui de Louis XIII, profondément marqué par la détérioration des relations entre la Catalogne et la Castille. Par le jeu des alliances, cette opposition tournera finalement à l'avantage du royaume de France.

La révolte dels Segadors

Dans le sillage de « la guerre de Trente Ans » qui embrase l'Europe entre 1618 et 1648, la France et l'Espagne entrent ouvertement en conflit en 1635. Cinq ans plus tard, excédés par les pressions économiques et les exactions des armées castillanes, les Catalans s'insurgent contre la couronne de Castille : c'est la célèbre révolte des « Segadors » (Faucheurs ou Moissonneurs). Elle est dirigée par Pau Claris, chanoine d'Urgell qui appelle la France à l'aide. Il n'hésite pas en 1641, à proposer au roi de France Louis XIII, de le recon-

Un acte fondateur

On peut considérer que le traité des Pyrénées scelle définitivement ce qui constitue aujourd'hui encore la personnalité, forte et originale, des habitants des Pyrénées-Orientales, les Catalans - à la fois parfaitement intégrés à la France et restés profondément attachés à leurs racines.

naître comme comte de Barcelone. Du coup, la guerre redouble d'intensité entre la France et l'Espagne, en premier lieu dans le Roussillon. Le Prince de Condé fera le siège d'Elne, ses troupes prendront Collioure puis, le 29 août 1642, Perpignan.

Sur une façade de Perpignan. -NI-

Le traité des Pyrénées

En 1659, à la suite de ces conflits, le traité des Pyrénées est signé entre Philippe IV, roi d'Espagne et Louis XIV, roi de France : le comté du Roussillon, celui du Conflent et 33 villages du comté de Cerdagne sont rattachés à la France, excepté Llivia, enclave espagnole du côté français de la frontière. Ce rattachement sera définitif.

Par ordre du roi

Au lendemain de la signature du traité des Pyrénées, les habitants de la nouvelle « Province du Roussillon » voient arriver les intendants de Louis XIV, puis ceux de Louis XV et de Louis XVI qui aménagent le territoire et s'efforcent de redresser l'économie. Afin de mieux intégrer la nouvelle province au royaume de France, ils encouragent l'immigration intérieure, peuplant le Roussillon de soldats, prêtres et paysans issus d'autres provinces françaises. À la veille de la Révolution française, un peu plus d'un siècle après le traité des Pyrénées, la population du Roussillon a pratiquement doublé, dépassant le seuil des 100 000 habitants.

L'œuvre de la Révolution

Comme de nombreuses autres provinces du royaume de France, les conséquences de la Révolution française sont importantes pour le Roussillon dont les différences linguistique et culturelle sont marquées ainsi que l'organisation politique, juridique et sociale du fait de la persistance de structures et de coutumes anciennes. Le département des Pyrénées-Orientales naît le 6 mars 1790, en adjoignant à la province du Roussillon estimée trop exiguë, une trentaine de communes du Fenouillèdes : cette intégration administrative au territoire français est définitive.

Histoires de contrebande.

La contrebande était pour les Catalans une activité économique mais aussi politique, en ce sens qu'elle était le reflet d'une résistance au pouvoir royal. Comme en témoignent les intendants du roi, dans les années 1770-1780, le commerce illégal du tabac, du sel, du bétail ou de produits manufacturés comme le textile était monnaie courante. Les bandes organisées (plusieurs dizaines d'individus, voire parfois quelques centaines) menaçaient l'ordre public et semaient la terreur.

Si dans les villages une certaine crainte pouvait exister, les intendants déploraient qu'une partie des habitants se rende complice des bandes organisées quand elle n'était pas, elle aussi, coupable de « petite contrebande ».

L'époque contemporaine

A partir du traité des Pyrénées, mais plus sûrement tout au long des 19e et 20e siècles, l'intégration à la France est progressive… et reste toujours marquée par la persistance d'un sentiment régionaliste fort.

Face au vieux port, le monument aux morts de Port-Vendres réalisé en 1922 par Aristide Maillol, présente une Vénus donnant la palme (bras mutilé) aux glorieux morts pour la patrie. -GG-

De la Révolution à l'Empire

Les lendemains de la Révolution sont agités. La constitution civile du clergé est rejetée non seulement par des prêtres très influents mais par une population fortement attachée à la religion. En 1793, les habitants du Vallespir font appel à l'armée espagnole qui occupe aussi le Conflent et le Roussillon. Les armées révolutionnaires ont raison de cette entente « catalane », elles chassent l'occupant et provoque un mouvement d'émigration vers l'Espagne. Le Consulat et l'Empire ramènent la paix civile et religieuse et accélèrent la centralisation : l'intégration à la France sera essentiellement l'affaire du 19e siècle.

Un siècle d'intégration

En 1825, sous la Restauration, l'évêché d'Elne est rétabli et, sous la Monarchie de Juillet, royalistes et républicains, dont Arago, s'affrontent. C'est donc seulement à partir de la IIe République et sous le IIe Empire que la « francisation » se concrétise. Peu à peu un sentiment national français s'installe, la défaite de 1870 est mal vécue dans le département. La IIIe République et les « hussards noirs » de Jules Ferry font leur œuvre : l'attachement à « la patrie » se renforce, la germanophobie se développe et, ici comme ailleurs, à la veille de la Grande Guerre, l'union sacrée se réalise.

Persistance du « fait catalan »

L'intégration ne supprime pas pour autant le « fait catalan » dans les Pyrénées-Orientales. La révolte des vignerons, en 1907 voit dans les rues de Perpignan 172 000 manifestants quand le département en compte à peine plus de 200 000 ! Un mouvement qui témoigne, pour beaucoup d'observateurs, d'une identité régionale forte. Identité qui, à travers le temps et l'histoire, reste particulièrement vivace.

La Seconde Guerre

1940 est une année noire pour le département : à la défaite, à la chute de la République, aux 6 000 prisonniers partis en Allemagne, s'ajoutent les inondations d'octobre : l'aïguat est terrible et fait près d'une cinquantaine de morts. En 1942, 3 000 jeunes hommes sont réquisitionnés au titre du Service du Travail Obligatoire (STO), le camp de Rivesaltes est réouvert pour de nombreux étrangers, notamment d'origine juive, l'occupation du département par les troupes allemandes commence en novembre. Jusqu'à la fin, la répression du gouvernement de Vichy, celle de la milice et de la Gestapo font rage… À la fin de la guerre, le bilan humain dans les Pyrénées-Orientales dépasse les 530 morts (déportés, morts au combat, fusillés ou assassinés).

Les inondations de 1940

Le 17 octobre 1940 est à jamais inscrit dans la mémoire catalane.

100 000 tonnes d'eau au km^2 s'abattent sur le Canigó et ses environs en 24 heures. L'intensité des précipitations est telle qu'elle fait des ravages et entraînent de violents écoulements. Les vallées du Tech, de la Têt et de l'Agly sont touchées, l'artisanat traditionnel ne s'en remettra pas. Le passage du Cady à Vernet-les-Bains emporte une partie des grands hôtels. Au total, on dénombra 48 victimes.

«Aux Dames de France», bâtiment Belle-Époque situé place de Catalogne, à Perpignan. -GG-

La Résistance

Tandis que dès 1941, les premiers mouvements de résistance à proprement parler s'organisent (Combat, Franc-Tireurs, Libération...), les réseaux, en liaison avec Londres, se positionnent dans tout le département. Ils collectent les renseignements, organisent les passages clandestins à travers la frontière, préparent les embuscades... En 1942, sous la houlette des FTP, de l'Armée secrète ou des « guerilleros espagnols », les maquis sont très actifs. En 1944, les forces de la Résistance participent à la libération du département.

Valmanya, village martyr

Les troupes allemandes et les miliciens soupçonnent les habitants de Valmanya de protéger le maquis Henri Barbusse et celui des « guérilleros espagnols ».

Le 21 août 1944, ils rasent le village et l'incendient à l'exception de l'église. La population a été alertée et a fui, mais le maquisard Julien Panchot, voulant couvrir la retraite de ses compagnons, résiste, l'arme à la main. Il est attrapé et affreusement supplicié avant de mourir.

Bas-relief central du monument aux morts de Banyuls réalisé par Aristide Maillol représentant un jeune homme nu encore coiffé de son casque qui bascule vers la mort. -GG-

Les reflets de l'histoire

Protégé par l'histoire, le Roussillon conserve, avec une densité remarquable, des monuments et des œuvres d'art significatifs, de l'époque romane à la période contemporaine.

Au début des abbayes

De la fin de l'Antiquité à l'époque de Charlemagne, les vestiges sont peu nombreux : à la fois parce que ces époques sont lointaines, et parce que les constructions qu'elles firent, parfois périssables, ont été ensuite remplacées. La capitale de la cité romaine, Ruscino, n'existe plus alors et l'antique ville d'Elne est réduite à peu de chose. La fin de la domination arabo-musulmane, à la fin du 8e siècle, ouvre une renaissance : Charlemagne et ses successeurs organisent le pays en comtés (Roussillon et Cerdagne), et favorisent des abbayes qui deviennent des centres importants, intellectuels et économiques, comme Saint-Génis, Saint-André, Arles, Cuixà. Celles-ci sont construites magnifiquement, avec des techniques inspirées des édifices romains, pour les imiter, comme en témoignent la grande église de Cuixà (953-974), et les absides de Saint-André et de Saint-Génis.

Elne et le Canigó . -MC-

Le premier art roman

Avec l'an mil apparaît une nouvelle forme de bâtir, ce que nous appelons aujourd'hui le premier art roman, et le nombre d'églises et de monastères qu'on édifie à cette époque, aux 11e et 12e siècles, est si grand qu'il structure encore le paysage architectural roussillonnais, tel qu'on peut le visiter ou le découvrir. C'est à Saint-Martin-du Canigó que se trouve le plus ancien ensemble de ce type, dont l'église a été consacrée en 1009. C'est un art de bâtir en pierre, avec des voûtes et non des charpentes, et des échelles plutôt réduites si on les compare à la génération précédente.

Les pierres sont sommairement taillées, posées en lits réguliers, les murs ont une décoration d'arcatures et de pilastres plats qui se répète de façon rythmique et qui signe pour nous ce style, lequel fut sans doute importé d'Italie pour traduire toute la modernité qu'apportait l'essor démographique et économique du 11e siècle.

Le roman roussillonnais

Le 12e siècle est l'apogée de l'art roman roussillonnais, avec le développement de la construction en pierre de taille ou en marbre, et l'usage constant de la sculpture et de la peinture murale pour décorer les édifices. Pour saisir tout ce que cet art roman a ici de précieux et d'épanoui, il faut se rendre à Serrabona admirer la tribune, ou à Cuixà, à Elne... À la différence d'autres régions, on pourra ici trouver, dans les églises, des sculptures en bois datant de cette époque.

Le gothique méridional

Autant l'art roman est un art rural, autant l'art gothique qui lui succède, aux 13e et 14e siècles, est un art des villes, et concerne surtout Perpignan. Celle-ci, cité encore jeune (elle est née au 10e siècle) se développe alors très rapidement. Le gothique de ses grandes églises est un gothique méridional, à nef unique et qui n'accueille pas volontiers les grands ensembles de vitraux que l'on connaît plus au nord. La sculpture de cette période perd de la vigueur et de l'inventivité romanes, mais la peinture nous a laissé des chefs-d'œuvre, du 14e et du 15e siècles, des retables qu'on a la chance, pour la plupart, de pouvoir voir encore dans les églises pour lesquelles ils ont été peints.

Retable gothique à Palau de Cerdagne. -MC-

Depuis la Renaissance

Ainsi doté de monuments nombreux, le Roussillon traverse la Renaissance sans produire beaucoup de choses nouvelles. Mais cette époque est celle de la rivalité franco-espagnole pour sa possession, ce qui explique que les constructions majeures des 16e et 17e siècles que l'on rencontre dans ce pays sont surtout des forteresses. Exceptons cependant l'art des retables baroques, qui, dans la suite de la Contre-Réforme catholique, envahit littéralement les églises de ce pays, avec des centaines d'œuvres. Vauban, à partir de 1679, va doter le pays d'une formidable ceinture de places-fortes : Collioure, Bellegarde, Prats-de-Mollo, Mont-Louis, Villefranche, sans oublier l'enceinte de Perpignan.

Modernisation et modernité

Figé dans un « corset militaire », le pays ne s'est pas beaucoup modernisé avant l'arrivée du chemin de fer, au milieu du 19e siècle. La possibilité d'exporter ses produits transforme et ouvre le Roussillon comme jamais. Les propriétaires prospères de la fin du siècle font construire des châteaux parfois extravagants, mais plus historicistes que modernes (Aubiry, Valmy, L'Esparrou). Tandis que la lumière et le paysage attirent sur la côte des artistes qui vont y révolutionner l'art, et introduire le 20e siècle européen : c'est à Collioure que Matisse réinvente le Fauvisme, c'est à Céret que naît le Cubisme en 1913, autour de Picasso...

Dans les églises...

Le pays catalan, terre de Dieu, est riche en art religieux. Tout au long des siècles, des artistes anonymes ont été inspirés par la vierge Marie. Il ont laissé des chefs-d'œuvre de sculpture, souvent en bois, représentant la « Mare de Déu », dans de très nombreuses églises et chapelles.

Les retables sont, quant à eux, encore en place dans les églises de Cerdagne et dans la plaine. Les influences italiennes, rhénanes et françaises se mêlent aux styles plutôt archaïques, propres aux peintres roussillonnais.

Terre d'artistes

Nu féminin d'Aristide Maillol. -MC-

Avec la présence de Maillol, Pau Casals et bien d'autres, la Catalogne est une incomparable terre d'artistes. Et, s'ils n'y sont pas nés, les Fauves, les Cubistes ou Dali, ont trouvé sur cette terre, une grande part de leur inspiration.

Buste d'Hyacinthe Rigaud, par Pigalle (hôtel de Lazerme à Perpignan). -GG-

Peintures : des Classiques à l'avant-garde du 20e

A Perpignan, à la fin du 17e siècle, deux dynasties de peintres s'imposent : les Guerra dont l'atelier est très réputé et dont l'un des fils deviendra le peintre officiel du roi d'Espagne Philippe V. Chez les Rigaud, Hyacinthe, né à Perpignan en 1652, sera le grand maître portraitiste du 18e.

Plus tard, Étienne Terrus, né à Elne en 1852, annoncera le fauvisme. Et c'est dans la lumière de Collioure que seront inspirés Matisse, Derain et les Fauves, tandis qu'à Céret, la « bande à Picasso », (Braque, Gris) s'installera à partir de 1911. Plus près de nous, le mouvement Support-Surface sera très présent avec Viallat et Valensi.

Maillol et la sculpture moderne

Né à Banyuls, Aristide Maillol, n'est autre que le fondateur de la sculpture moderne. Avec ses nus féminins il rompt avec l'expressionisme de Rodin. On sait moins qu'il est aussi l'auteur de puissants monuments aux morts à Céret, Elne, Port-Vendres et Banyuls.

Son ami, Gustave Violet, né à Thuir, et Manolo Hugué, qui s'installe à Céret, au côté de Picasso, marquent aussi la sculpture du 20e.

LES MUSÉES D'ART MODERNE

Musée d'Art Moderne - Céret
Tél. 33 (0)4 68 87 27 76
Musée Terrus - Elne
Tél. 33 (0)4 68 22 88 88
Chemin du Fauvisme - Collioure
Tél. 33 (0)4 68 98 07 16
Musée Pams - Fondation Peské - Collioure
Tél. 33 (0)4 68 82 10 19
Musée Mackintosh - Port-Vendres
Tél. 33 (0)4 68 82 07 54
Musée Maillol - Banyuls - Tél. 33 (0)4 68 88 57 11
Collections F. Desnoyer - St-Cyprien
Tél. 33 (0)4 68 21 06 96
et aussi...
Musée H. Rigaud - Perpignan - Tél. 33 (0)4 68 35 43 40

Tous les arts du 20e siècle

-NI-

-MD-

C'est au printemps 1939, que **Pau Casals** (ci-contre) arrive à Prades, en terre d'exil.

Le plus grand violoncelliste au monde y créera son célèbre festival en 1950.

-MC-

L'architecte catalan **Ricardo Bofill** édifie au col du Perthus, dans les Albères, un monument (ci-contre enneigé), qui symbolise l'union entre les Catalogne nord et sud…

Charles Trenet (ci-dessous) a 11 ans quand son père déménage de Narbonne à Perpignan. Il y côtoiera artistes, peintres et musiciens.

-MD-

Littérature catalane

Au 20e siècle, les Pyrénées-Orientales ont donné de nombreux écrivains à la littérature, qu'elle soit en langue catalane ou d'expression française. Le plus célèbre d'entre eux est sans aucun doute le Prix Nobel Claude Simon.

Écrire en catalan

La littérature nord catalane moderne prend forme au 19e siècle et plus précisément dans sa seconde moitié. De grands écrivains catalans, venus de Barcelone, en sont les pionniers. Dans la première moitié du 20e, Josep Sebastià Pons *(Canta perdiu)* se pose en chef de file. D'autres poètes et romanciers suivront (E. Guiter, G. Gomila, J. Mas).

La figure de Jordi Pere Cerdà, alias Antoni Cayrol, né en 1920 à Saillagouse domine la littérature contemporaine. Ses poèmes, contes et romans, son théâtre aussi, associent à leur lyrisme puissant, un engagement permanent *(Tota llengua Fa foc, La pell de Narcís)*.

Pere Verdaguer, son ami, sera le père du roman nord catalan actuel, un genre toujours vivace.

Claude Simon, en son village de Salses

Claude Simon, bien que né à Tananarive en 1910, est le plus célèbre des écrivains roussillonnais. Si les 10 premières années de sa vie se passent à Perpignan avant de monter à Paris, il partagera la majeure partie de sa vie entre Paris et Salses, le village maternel.
Prix Nobel de littérature, chantre du nouveau roman, il est l'auteur d'une œuvre originale et fortement autobiographique.
Le Tramway, titre de son dernier roman paru en 2000, n'est autre que celui qui reliait Perpignan à la plage de Canet.

Les écrivains d'expression française

La richesse de la création littéraire au 20e siècle dans les Pyrénées-Orientales n'est plus à démontrer : Louis Codet, connu pour sa nouvelle *César Capéran*, Ludovic Massé, écrivain prolétarien né à Evol, le très controversé Robert Brasillach, Claude Delmas, natif de Rivesaltes et surtout Claude Simon ont incarné les Lettres catalanes modernes.

Des écrivains comme Michel llory, auteur de L'*Expulsion* en 1990, Dominique Bona, membre du Renaudot, Jean-Noël Pancrazi, prix Médicis 1992, représentent le roman français actuel.

Certains auteurs, comme R. L. Portet, J. Cabanas ou J. Quéralt, n'hésitent pas à passer d'une langue à l'autre.

Quelques figures du département

Joseph Casanyes né à Canet (1758-1843). Député de la Convention. Il fut envoyé comme représentant en mission auprès de l'armée des Pyrénées et organisa la « résistance à l'invasion espagnole». Il chassa l'occupant après la bataille de Peyrestortes en septembre 1793.

François Arago né à Estagel (1786-1853). L'un des plus grands astronomes et physiciens (il fit de nombreuses découvertes), fut aussi homme politique d'envergure. Républicain fervent, il contribua à l'intégration des Pyrénées-Orientales à la France.

Maréchal Joseph Joffre - Rivesaltes (1852-1931). Général dès 1902, il est le vainqueur de la bataille de la Marne en septembre 1914 et symbolise la résistance de l'armée française face à l'armée allemande. Il devient commandant en chef de toutes les armées en décembre 1915 jusqu'en décembre 1916. À la fin de son commandement, il est élevé à la dignité de maréchal de France.

Jules Pams né à Perpignan (1852-1930). Héritier d'une puissante dynastie, à la fois richissime industriel, grand bourgeois et amateur d'art, il fut une des personnalités des plus marquantes de la IIIe République. Plusieurs fois ministre, il fut candidat malheureux à l'élection présidentielle remportée par Raymond Poincaré.

Alfred Sauvy né à Villeneuve-de-la-Raho (1898-1996). Cet économiste, démographe et sociologue fut un des fondateurs de l'INSEE, le conseiller de Paul Raynaud puis de Pierre Mendès France. Il collabora à de nombreux titres de presse (Combat, le Nouvel Observateur, le Monde...). Il est l'inventeur du concept de « Tiers-Monde ».

Henri Ey né à Banyuls-sur-Mer (1900-1977). Ce médecin psychiatre, historien et philosophe est considéré par ses pairs comme un visionnaire et l'un des plus grands psychiatres de son époque.

Louis Torcatis né à Tautavel (1904-1944). Cet instituteur symbolise, bien au-delà des Pyrénées-Orientales, l'esprit de la Résistance. Prisonnier des Allemands, il s'évade puis échappe de peu à un coup de filet. Il entre en clandestinité, mais le 18 mai 1944, il est froidement abattu par les miliciens.

Arthur Conte né à Salses (1920). Ancien ministre et Président de l'ORTF, l'Office de Radio Télédiffusion Française au début des années 1970, il est l'auteur de nombreux ouvrages historiques dont *« La vignes sous les remparts »* qui évoque Salses et sa région.

Joan Pau Giné né à Bages (1947-1993). Poète-chanteur représentant du mouvement «nova cançó» (nouvelle chanson) de Catalogne nord.

François Arago. -GG-

Joffre, né à Rivesaltes, sera l'un des héros de la Der des Der qui verra tomber « pour la France » de nombreux Catalans. -MC-

Les Albères,

Scène estivale sur la côte Vermeille. -NI-

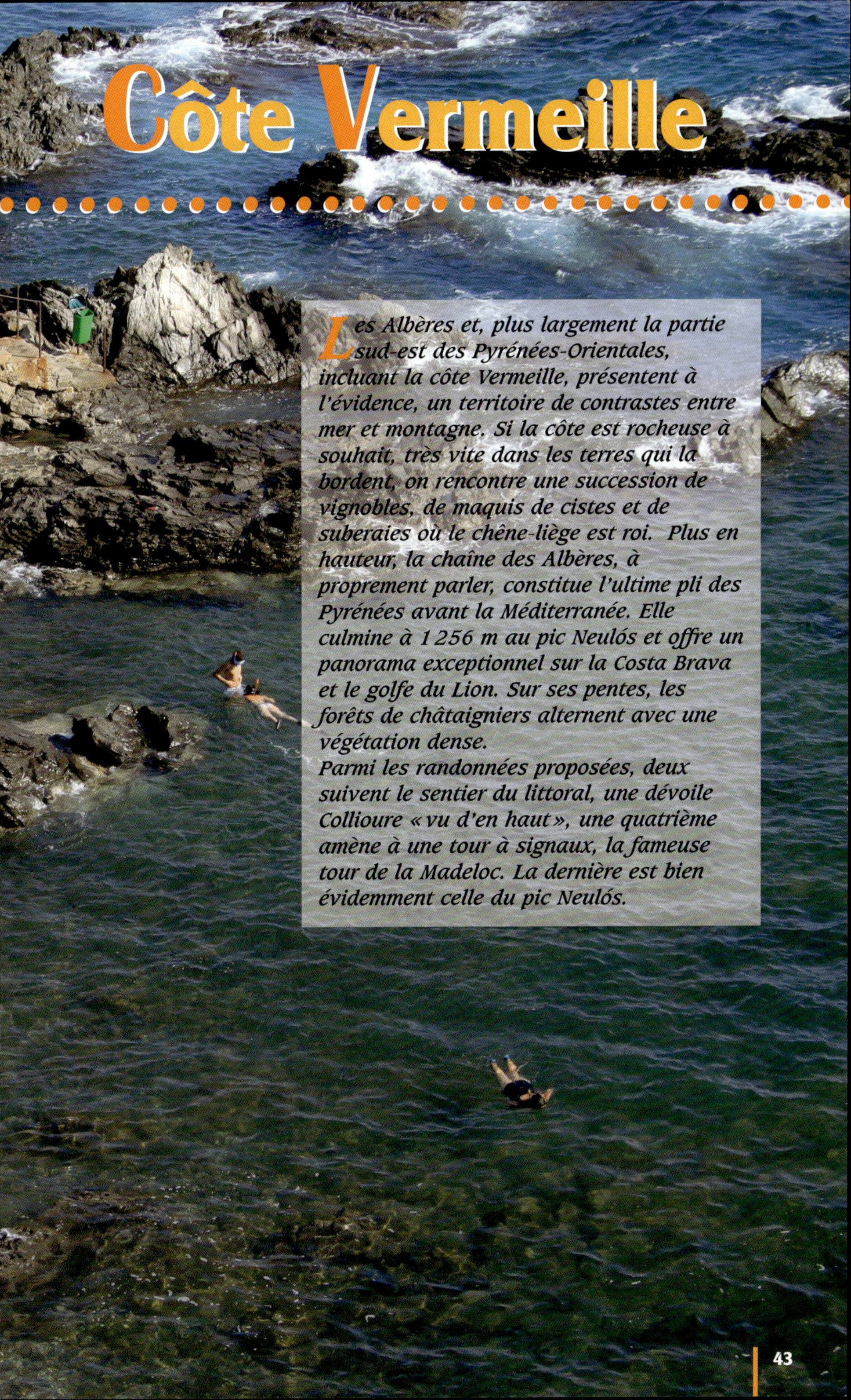

Côte Vermeille

Les Albères et, plus largement la partie sud-est des Pyrénées-Orientales, incluant la côte Vermeille, présentent à l'évidence, un territoire de contrastes entre mer et montagne. Si la côte est rocheuse à souhait, très vite dans les terres qui la bordent, on rencontre une succession de vignobles, de maquis de cistes et de suberaies où le chêne-liège est roi. Plus en hauteur, la chaîne des Albères, à proprement parler, constitue l'ultime pli des Pyrénées avant la Méditerranée. Elle culmine à 1 256 m au pic Neulós et offre un panorama exceptionnel sur la Costa Brava et le golfe du Lion. Sur ses pentes, les forêts de châtaigniers alternent avec une végétation dense.

Parmi les randonnées proposées, deux suivent le sentier du littoral, une dévoile Collioure « vu d'en haut », une quatrième amène à une tour à signaux, la fameuse tour de la Madeloc. La dernière est bien évidemment celle du pic Neulós.

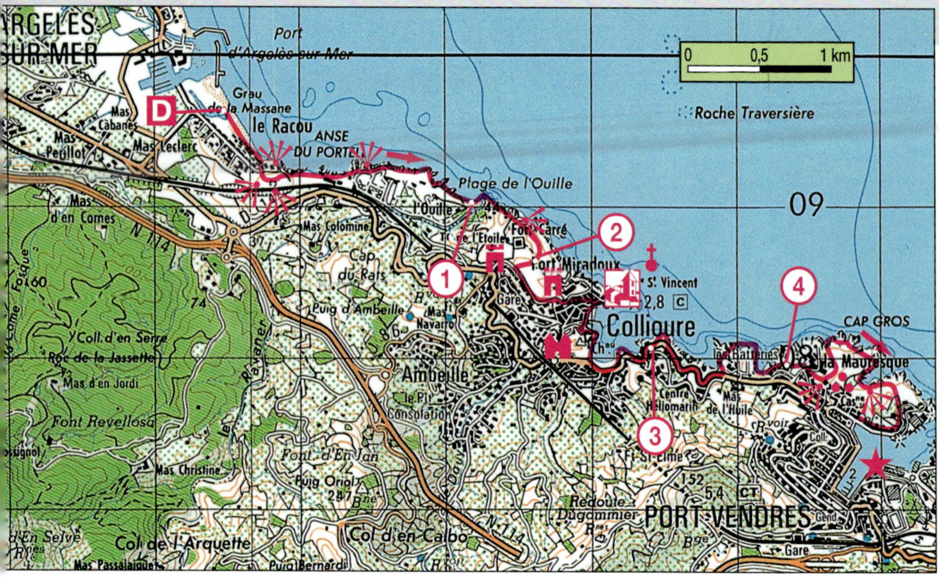

Accès au Départ : sur la N114 sortir en direction de Collioure, Le Racou.
Stationnement : au Racou se garer sur le parking de la Sardane.
Conseils : pour revenir au point de départ, on utilisera les bus du Conseil Général à 1,00 € le trajet.

D Face à la mer suivre la plage à droite, en bout sortir à droite sur la place Avinguda de la Torre d'en Sorra, de là prendre la route à gauche et de suite le chemin à droite, monter des escaliers et gagner la table d'orientation ***(vue sur les tours de la Massane, de Madeloc et château de Valmy)***. Continuer le sentier à droite en balcon, au bas de la descente prendre à gauche, passer des criques, longer un camping et descendre sur la plage de l'Ouille.

1 En bout de celle-ci monter des escaliers, vers le panneau vent violent continuer à monter à droite **(fort carré, *vue sur Collioure et fort Miradoux*)**.

2 À hauteur des terrains militaires prendre le sentier à droite, traverser un parking et suivre la route à gauche. Descendre vers Collioure jusqu'à un rond-point et monter à gauche, dans un virage descendre une ruelle à droite puis par des escaliers. En bas virer à gauche puis rue St-Vincent et arriver place d'Armes **(château royal)**. Passer le porche, prendre à gauche en AR vers **l'église** puis longer les quais, franchir la passerelle et à gauche au pied des remparts du château. En bout prendre le long de la plage, franchir une passerelle et continuer rue Jean Bart en bordure de mer. Avant le restaurant La Balette monter des escaliers et suivre le trottoir à gauche de la D114 ***(vue sur Collioure)*** jusqu'à l'aire du pla de l'Oli.

3 Là, descendre des escaliers vers la plage, aller vers la gauche de la résidence et monter un escalier, prendre la rue à droite par deux fois puis à gauche et après le porche continuer à droite. Passer sous un pont et descendre à gauche vers une chaîne, traverser la plage de l'Oli, monter sur 20 m et emprunter un sentier à gauche sous une résidence. Gagner plage d'en Baux, remonter et suivre la route à gauche.

4 À droite de l'entrée de l'IME de la Mauresque monter un sentier, atteindre des blockhaus ***(vue sur Port-Vendres)*** et poursuivre à gauche. Au panneau nature la Mauresque monter à droite, redescendre vers les **ruines du Cap Gros**, passer l'anse de la Mauresque, continuer ***(vue sur le fort Béar)*** et rejoindre une route vers la **criée de Port-Vendres**. La suivre à droite puis rue Arago et rejoindre les quais du vieux port puis le parking de l'obélisque.

Plage du Racou. -NI-

DU RACOU À PORT-VENDRES

ARGELÈS-SUR-MER ■ COLLIOURE ■ PORT-VENDRES

1

Entre sable fin et côte rocheuse, cet itinéraire nous fait découvrir Collioure, ses ruelles pleines de charmes et son château royal, avant de rejoindre Port-Vendres dont les activités portuaires sont internationales.

3 h 20 - 10 km

balisage jaune

dénivelée : 315 m

▼ 0 m ▲ 60 m

Marins et pêcheurs

La « Marenda », c'est la côte sablonneuse, avec ses presqu'îles, ses étangs et ses marais. En raison des risques de fièvre, les hommes se sont longtemps tenus à l'intérieur des terres... à l'exception de quelques pêcheurs. La côte rocheuse dite Vermeille, lui succède à partir du Racou à Argelès-sur-Mer. Elle se prolonge jusqu'au cap Cerbère, avec ses rochers fouettés par les vagues et ses petites criques au charme irrésistible. Abrités dans leurs baies, Collioure, Port-Vendres, Banyuls-sur-Mer, sont autant de ports qui ont vécu le déclin de la pêche.

Dès la seconde moitié du 19e siècle, l'industrie de la pêche décline sur le littoral nord catalan. En 1876, on compte presque 2 000 bateaux de pêche pour les ports de Collioure, Port-Vendres et Banyuls, en 1911, il en reste à peine plus de 700. Le nombre des ateliers de salaisons passe quant à lui de 42 à 21 entre 1865 et 1900. Aujourd'hui, c'est à Port-Vendres que se concentre l'essentiel de l'activité de pêche avec ses embarcations plus ou moins jeunes, ses chalutiers...

Inexorablement, le chiffre d'affaires et les tonnages de la pêche catalane diminuent. Désormais, Port-Vendres se spécialise dans les fruits et légumes. Plus de 200 000 tonnes de produits par an y transitent.

Port-Vendres. -NI-

LE « LAMPARO », LA FIN D'UNE TRADITION. Entre mai et fin août, les bancs d'anchois se rapprochent des côtes pour frayer. Autrefois, les pêcheurs les attrapaient au « sardinal » ou au « lamparo », la nuit, à la lumière d'une lampe qui attirait les poissons dans un filet.

Une véritable tradition ici : les nuits d'été, la mer était constellée de ces petites lumières. Cette technique, désormais interdite, n'est plus pratiquée sur les bords des côtes roussillonnaises que par les « riverains ».

VOIR ET SAVOIR

bourg de Collioure ■ château royal, église avec retable art baroque catalan du 17e siècle ■ Fort Miradou : centre national d'entraînement commando de l'armée ■ vestiges de batteries et de blockhaus ★ crique et côte rocheuse ■ chemin du Fauvisme • Musée Peské

À PROXIMITÉ : ★ port Argelès ■ château de Valmy ★ spectacle d'aigles.

Marché dans Collioure. -NI-

Sémaphore de Béar au point 3. -NI-

Stationnement : parking place de l'Obélisque à Port-Vendres.
Conseils : pour revenir au point de départ on utilisera les bus du Conseil Général à 1,00 € le trajet.

D Rejoindre les quais et les suivre à droite, longer le **port de plaisance**, en bout **près de l'office de tourisme** continuer à gauche puis quai de la République, **tour de l'horloge**, et rejoindre un giratoire. Emprunter la voie piétonne en bord de route, à la voie ferrée couper la route et poursuivre à gauche, continuer devant la zone portuaire, passer une plage et gagner l'entrée d'un tunnel.

1 Tourner à gauche sur le sentier des redoutes, gagner la route et monter un chemin à gauche, longer la côte ***(vue sur le phare de la jetée)***, retrouver la route.

2 Avant le restaurant monter un sentier à droite ***(vue sur Port-Vendres)***, suivre la route à gauche puis un sentier à droite et à gauche le chemin en balcon qui rejoint le **sémaphore de Béar**. Poursuivre à gauche de ce dernier, descendre vers le phare.

3 Monter à gauche du phare, le contourner et poursuivre le long d'un grillage en surplomb de la mer ***(vue sur Banyuls, la chaîne des Albères, vers Cerbère)***, descendre vers les maisons et monter entre celles-ci par des escaliers. Le sentier en balcon passe par deux petites plages et continue jusqu'à la plage Bernardi.

4 En bout de celle-ci monter sous des ruines de fortifications, descendre, longer la plage et le **site de Paulilles** par un sentier aménagé, suivre une route à gauche, longer la plage de Forat et arriver vers des maisons, poursuivre sur une route.

5 Après une barrière prendre un sentier à droite, gagner les bords de mer ***(vue sur Banyuls)***, en haut d'une côte rejoindre un chemin, vers un parking, le suivre à gauche puis le quitter pour un sentier à gauche. Descendre, remonter et prendre un chemin vers Banyuls, descendre en bord de vigne puis au-dessus de criques, et longer la plage des Elmes.

6 En bout de celle-ci emprunter un chemin à droite, puis la route. Au carrefour suivre la route principale à gauche, vers l'hôtel des Elmes prendre à gauche puis une voie sans issue et par des escaliers accéder à la N114. La suivre à gauche, rejoindre et longer la plage puis arriver au port de Banyuls.

Raccourci en 3 : au pied du phare, descendre par des escaliers (par vent violent ou pour les personnes sujettes au vertige).
Hors circuit après 3 : vers les ruines en pointe de cap Béar.

Banyuls et son port. -NI-

Depuis les ports de plaisance et de commerce de Port-Vendres, le chemin plonge dans les criques et vers les plages intimes, pour revenir en balcon au-dessus des falaises côtières. Le phare de Béar nous indique la bonne route, et cap au sud sur la côte Vermeille, on atteint Banyuls et ses Vins Doux Naturels réputés.

4 h 20 - 13 km
balisage jaune
dénivelée : 440 m
▼0 m ▲74 m

Le site classé de Paulilles

L'anse de Paulilles renferme trois plages séparées par des promontoires rocheux et fermées à l'arrière par un mur construit par les Allemands en 1943. Les 32 hectares du site classé appartiennent au Conservatoire du littoral.

Port-Vendres. -NI-

Le Conseil Général gestionnaire du site depuis 1998 a aménagé des espaces verts et a réhabilité l'ancienne usine Nobel.
Le projet « **Sauvegarde et valorisation du patrimoine maritime catalan** » a permis d'installer, dans un ancien bâtiment de l'usine, un centre de conservation abritant une collection d'objets et d'embarcations. Un atelier de restauration rénove des barques catalanes, aussi bien destinées à des démonstrations de navigation pour le public qu'à l'exposition sur le site ou en d'autres musées. Le projet est également axé vers la recherche maritime, la création d'un fonds de documentation et la mise en place d'un itinéraire patrimoine maritime.
Le domaine de Paulilles est marqué par la présence de l'ancienne usine d'explosifs Nobel et de sa cheminée, haute de 35 m. Cette dynamiterie implantée en 1875 employait 200 personnes qui vivaient là en quasi autarcie : ils y logeaient ; le site avait son église, son école, sa coopérative, son potager. Dans les années 1900, l'usine livrait près de 550 tonnes de dynamite destinées à la France et à ses colonies. Sa production avoisinait les 4 000 tonnes en 1975 avant de fermer ses portes en 1984.

Gare à l'envahisseur. -NI-

Renseignements
Site classé / Maison de Paulilles : 04 68 95 23 40

LA RÉSERVE MARINE DE CERBÈRE-BANYULS GÉRÉE PAR LE CONSEIL GÉNÉRAL.
Située en bordure de la côte rocheuse, la Réserve marine de Cerbère-Banyuls (650 ha) abrite coraux rouges, herbiers, mollusques, crustacés, poissons de toutes sortes, soit plus de 1 200 espèces animales et 500 espèces végétales.
Au départ de la plage de Peyrefite, le sentier sous-marin se visite en nageant en surface muni d'un masque, d'un tuba et de palmes, en longeant le parcours balisé sous quelques mètres d'eau.
Rens. : 04 68 88 31 14 (juillet et août).

Voir et Savoir

★ Port-Vendres et son port commercial • criques et plages • sémaphore et phare ★ • site de Paulilles • Banyuls.
À PROXIMITÉ : tour de la Madeloc chaîne des Albères.

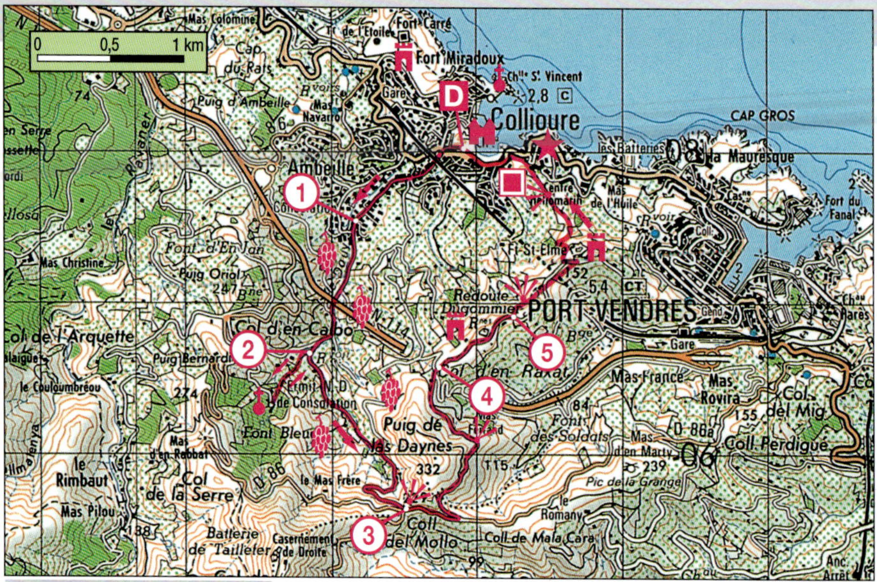

Stationnement : parking payant du Glacis, au-dessus du château de Collioure.

D Suivre la sortie du parking et descendre au rond-point, traverser et monter devant l'église, la rue du Temple. Passer sous la voie ferrée, continuer rue de la galère, au carrefour avec une **croix** poursuivre en face vers Consolation.

1 À hauteur de la rue Coligny, à la fourche, prendre à gauche vers **Notre-Dame-de-Consolation** ***(vue sur la tour de Madeloc, les terrasses et vignes)***. Passer sous le viaduc et prolonger en face, vers l'**oratoire Sainte-Thérèse** délaisser un chemin à gauche, franchir un petit pont.

2 Au niveau d'une borne incendie monter à droite vers Consolation. A l'**oratoire Sainte-Anne** délaisser le chemin à gauche, emprunter des escaliers et rejoindre **l'ancien ermitage Notre-Dame-de-Consolation**. Redescendre en 2 et continuer à droite à travers des **vignes**, la montée devient plus raide et on rejoint une route. La suivre en montée à droite et rejoindre le col de Mollo.

3 ***Vue sur les plages du Racou et d'Argelès***, continuer vers Port-Vendres sur 400 m et quitter la route pour un chemin à gauche. Monter à flanc de coteaux, à la fourche descendre à droite, ***vue sur les forts, Port-Vendres et Collioure.***

4 Suivre une route à droite, passer le **fort Dugommier** et poursuivre 150 m.

5 Presque en face d'un autre chemin, emprunter un sentier à gauche puis à droite ***(vue sur Collioure)*** et descendre jusqu'à la route que l'on suit à gauche. Au pied du **fort Saint-Elme**, descendre un sentier à gauche, après 200 m, à la fourche, virer à droite en descente plus rapide ***(vue sur les vignes, la mer, Collioure, ancien moulin à vent)***. Plus bas suivre la route et dans le virage emprunter en face un petit passage, longer **la Gloriette**, descendre par des escaliers, contourner le **musée d'Art Moderne**, sortir du jardin par la droite et suivre la route principale à gauche pour revenir au départ.

Vendanges -NI-

Le fort Saint-Elme. -NI-

Voir et Savoir

★ Collioure, château, port, village • ermitage Notre-Dame de Consolation • vignes • forts Dugommier et St-Elme.

À PROXIMITÉ : Port-Vendres • Argelès plage.

Des remparts du château Royal de Collioure, le chemin s'élève dans les vignes au sein desquelles se fond l'ancien ermitage Notre-Dame de-Consolation. Arrivé au col de Mollo, la descente par les forts Dugommier et Saint-Elme, offre de superbes vues sur Port-Vendres, Collioure et la côte Vermeille.

3 h 10 - 10 km
balisage jaune
dénivelée : 385 m
▼ 0 m ▲ 231 m

Collioure et sa citadelle

Dès l'Antiquité, Collioure est un important port marchand sur la Méditerranée. Sous les rois de Majorque (1276-1344), la ville connaît une grande prospérité. Jacques « le Conquérant » y favorise la production de vin, accorde des privilèges aux pêcheurs, prescrit l'alignement et la largeur des rues...

Château Royal de Collioure. -NI-

Son château est daté de 672 mais sa configuration actuelle date des rois de Majorque. Ils édifièrent la citadelle entre 1242 et 1280 et en firent leur résidence d'été. Au lendemain du traité des Pyrénées, le château est agrandi par Vauban. Celui-ci fait raser la ville haute pour élever l'enceinte extérieure obligeant la population à construire un nouveau quartier, plus au nord.

Il donne ainsi à Collioure sa configuration actuelle.

Hormis le château royal, la vocation militaire est partout présente à Collioure et autour de ses quatre forts.

C'est ici que s'entraînent les stagiaires du **Centre National d'Entraînement Commandos** aux activités nautiques : navigation, plongée, nage commando, franchissement nautique...

À partir du 15e siècle, le port se transforme en port de guerre, la ville en véritable forteresse. Par sa position stratégique, elle est convoitée par les rois d'Espagne et de France. En 1552, Charles Quint fait construire le fort Saint-Elme. En 1642, lors de la révolte catalane contre le roi d'Espagne, les troupes de Richelieu investissent la ville. Sous Louis XIV, Vauban et ses fortifications en bouleversent la physionomie. En 1793, la ville tombe aux mains des Espagnols.

Elle est reprise l'année suivante par Dugommier et les Républicains. Au 19e siècle, dans des périodes moins troublées, Collioure se développe autour de la pêche, la salaison et le vin.

UN RICHE PATRIMOINE RELIGIEUX

Avec plusieurs chapelles anciennes, un couvent dominicain... Collioure possède un riche patrimoine religieux dont le fleuron est Notre-Dame-des-Anges. Construite entre 1684 et 1691 dans un style gothique méridional, l'église, remarquable par son clocher, s'avance dans la mer, entourée par les eaux sur ses trois côtés.

Ermitage Notre-Dame-de-Consolation. -NI-

Notre-Dame-des-Anges.-NI-

4 LA TOUR DE LA MADELOC

BANYULS-SUR-MER ■ PORT-VENDRES

2 h 30 - 7,5 km

balisage blanc/rouge de D à 1 - Jaune de 1 à D

dénivelée : 400 m

▼ 387 m ▲ 656 m

Ce circuit, par des sentiers caillouteux entre vigne et garrigue monte et s'élève jusqu'à la tour de Madeloc. De là-haut c'est un splendide paysage qu'on a sous les yeux, avec la côte Vermeille et ses trois beaux villages de Collioure, Port-Vendres et Banyuls-sur-Mer.

Accès au Départ : depuis Banyuls par la D86, le col des Gascons se trouve 2,5 km après une table d'orientation. Depuis Port-Vendres par la D86, dépasser une table d'orientation et au chemin d'accès à la tour de la Madeloc, continuer encore 2 km.
Stationnement : parking en terre.

D Au col monter le sentier droit dans la pente, en suivant le balisage rouge et blanc. À la fourche continuer à gauche, passer devant des **ruines**, gagner le **col de Formigo** ***(vue sur les tours de la Madeloc, de la Massane, Argelès-sur-Mer)***, et descendre.

1 Au carrefour prendre le chemin de droite sur 50 m, et poursuivre à droite vers la tour de la Madeloc. Suivre ce sentier à peu près plat, entre **garrigue et vigne** et atteindre une fourche.

Ruines de Tina d'En Reig. -NI-

2 Monter à droite et gagner l'arête (**batterie de Taillefer à gauche**). Emprunter le chemin à droite et après 50 m, laisser un chemin descendant et poursuivre en montée sur l'arête le chemin en pierre bâtie. Par des virages atteindre la **tour de la Madeloc,** ***panorama sur la toute la côte Vermeille, tour de la Massane, les Albères.***

3 Descendre par une petite route jusqu'à des **fortifications ruinées**. Là, descendre en face un sentier caillouteux et rocheux, rejoindre un chemin et poursuivre en descente à gauche pour revenir au départ.

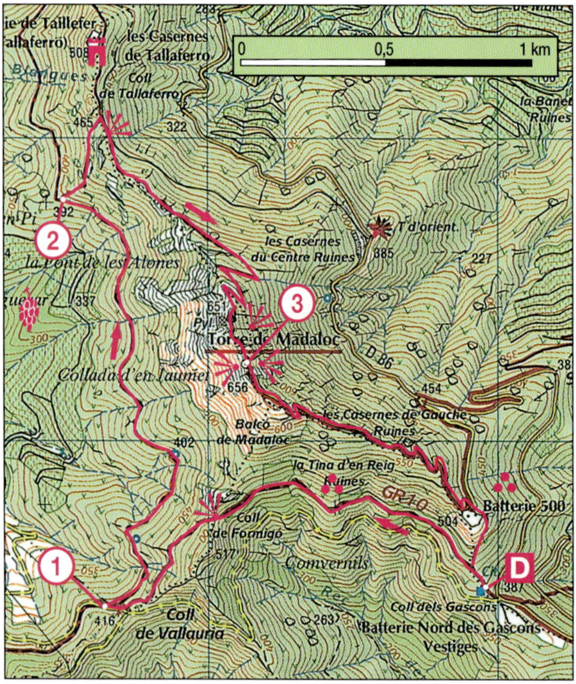

Voir et Savoir

tour de la Madeloc • fortifications ruinées.

À PROXIMITÉ : Banyuls ; Port-Vendres ; Collioure.

Figue de Barbarie. -NI-

LES TOURS À SIGNAUX

Partout présentes, elles dominent fièrement le paysage et gardent en elles la mémoire des événements passés. Invasions, fuites, victoires ou défaites qu'elles devaient, à leur manière, annoncer comme autant de messagères immobiles.

La tour de Goa, dans le secteur de Vernet-les-Bains. -BM-

« Télégraphe » médiéval

Les « tours à signaux » comme celle de Madeloc mais aussi de la Massane, de Batère ou de Cabrenç (en Vallespir), del Far (à Tautavel) ont été édifiées au Moyen Âge, pour transmettre, de l'une à l'autre et ainsi à travers tout le pays, des messages urgents comme, par exemple, l'arrivée de troupes ennemies. Comment ? Au moyen de fumées le jour, ou de feux, la nuit. Peut-être parfois par des jeux de miroirs reflétant le soleil.

Réseau organisé

Leur présence est signalée dès le 9e siècle, souvent à proximité immédiate de châteaux fortifiés. Ce n'est qu'à partir du 11e siècle et notamment au 14e sous la domination des rois d'Aragon, que les tours à signaux ont été organisées en réseaux plus efficaces, dirigés en priorité vers le palais des rois de Majorque, émettant des signaux selon un code unique.

Elles n'étaient pas bâties de façon à être vues de partout mais pour être vues d'autres tours à toute heure du jour ou de la nuit, en toutes saisons et par tous les temps. Plus le relief devient complexe (montagnes, vallées profondes ou sinueuses) plus le nombre de tours devient important.

« Guardias » et « farahons »

Les Guardias sont les tours de plan carré, les plus anciennes. Les tours de plan circulaire, nommées « farahons » apparaissent au 12e siècle. Elles sont dotées d'un système auto-défensif, disposent d'une terrasse bombée permettant de récupérer les eaux de pluie.

Le feu était entretenu au sommet de la tour, dans une cage de fer permettant de disposer les toiles mouillées ou les peaux servant à former les nuages de fumée.

Les tours étaient généralement occupées par deux soldats et un chien dressé, parfois par une famille…

La tour de la Madeloc. -NI-

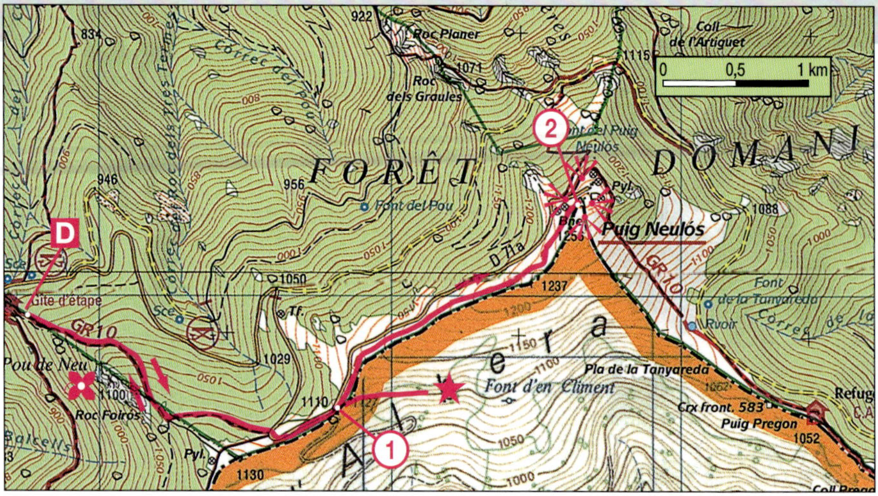

Accès au Départ : depuis Le Perthus, route étroite et sinueuse (12 km) jusqu'au col de l'Ouillat.
Stationnement : parking gîte d'étape au col de l'Ouillat.

D Du parking du gîte, monter le sentier à droite dans les **pins Laricio puis dans la hêtraie**. La pente s'adoucit, tourner à gauche et continuer presque à plat, monter à droite vers une pinède en laissant un gros bloc rocheux sur la droite. Laisser la route à gauche, monter dans une prairie jusqu'à une clôture marquant la crête frontière. Suivre alors nord-est cette clôture, en restant côté gauche, jusqu'au Col del Pou ou col du puits à neige.

1 Ignorer la route à gauche et la piste en terre qui descend à droite, monter légèrement vers la droite pour un aller-retour de 10 mn vers le **puits à neige du Neulós**. Au retour monter à droite sur la crête pour arriver au **pic Neulós**, ***panorama à 360° du mont Saint-Clair de Sète, les Corbières, le Canigó, le Montseny de Barcelona, la Méditerranée***.

2 Redescendre le long de la clôture jusqu'en 1, et revenir au départ par l'itinéraire en sens inverse.

Voir et Savoir

★spectaculaire puits à neige du Neulós, le mieux préservé de toute la chaîne ☼ panorama du Neulós.
À PROXIMITÉ : ★ vallée des tortues ♜ château de Requesens ‡ église del Vilar ★ fresques romanes de Fenollar ⁂ ruines de Panissars et des Cluses (romaines).

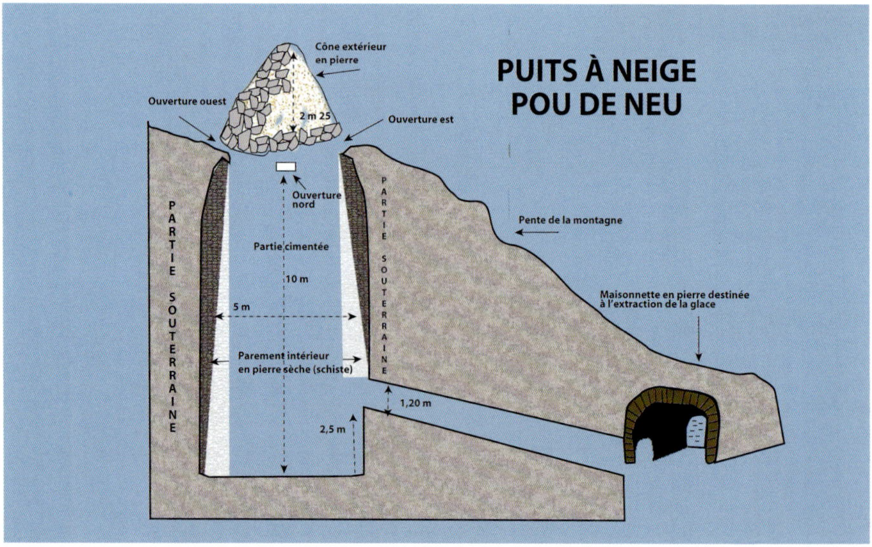

LE PIC NEULÓS

L'ALBÈRE ■ LAROQUE DES ALBÈRES ■ LA JONQUERA **5**

Le pic Neulós est le point culminant des Albères. Cette petite chaîne de montagne est située entre la Méditerranée et le Canigò, elle constitue une frontière naturelle entre la plaine du Roussillon et la plaine agricole de l'Emporda. Ne ratez pas le spectaculaire puits à glace sur ce court circuit au panorama exceptionnel.

2 h 00 - 6 km
balisage bleu
dénivelée : 340 m
▼ 936 m ▲ 1 246 m

Les «pous de neu» ou puits à neige

Les puits à neige, « *Pous de Neu* », sont aussi dénommés puits à glace. On en trouve un peu partout dans les hauteurs des Albères, notamment aux abords du col de l'Ouillat, au pic Neulós, « neoulós » signifiant « *le neigeux* ». Comme ils sont les plus proches de Perpignan, leur glace était en partie destinée aux palais des rois de Majorque.
Ces puits, de forme arrondie, étaient construits en pierres sèches et avaient la particularité d'être très profonds : certains pouvaient atteindre plus de 10 mètres. Ils étaient utilisés pour stocker la neige. Soit celle-ci s'amassait naturellement, soit les hommes l'entassaient au fond du puits. La neige se tassait peu à peu et, sous la pression, elle se transformait en glace et se conservait plusieurs mois.
Les puits étaient conçus dans des endroits exposés au nord et conservaient un maximum de fraîcheur dans la journée : la glace située au plus profond du puits pouvait ainsi durer jusqu'à la fin de l'été.
Les premiers puits, tels que nous les connaissons, ont été construits au Moyen Âge, ils étaient alors sous le contrôle des seigneurs qui les avaient faits bâtir. Mais c'est au 17e et 18e siècles qu'ils se sont développés et que la consommation de glace est devenue plus importante. À cette époque, ses applications étaient nombreuses. Elle servait essentiellement à des fins médicales et en complément du sel, à la conservation des aliments. La glace était transportée, de nuit, à dos de mulets, recouverte de peaux qui en maintenaient la fraîcheur.

Trois puits à neige près de Neulós -BM-

La montée au Costabona. -BM-

Le Vallespir

Le Vallespir est un territoire orienté est-ouest, organisé autour du sillon principal formé par la vallée du Tech. La moyenne vallée, abritée du vent, propose un paysage méditerranéen avec des chênes-lièges et des chênes verts. En remontant le lit du Tech, on découvre peu à peu un univers de montagne où l'humidité se fait sentir et la végétation change : les forêts de chênes font place aux châtaigniers et aux pâturages. Les circuits proposés font découvrir des panoramas aussi beaux que divers : du pic des Salines à la Réserve Naturelle de Prats-de-Mollo en passant par le col de Siern, l'ermitage de San Guillem, les mines de Batère et le piló de Belmaig.

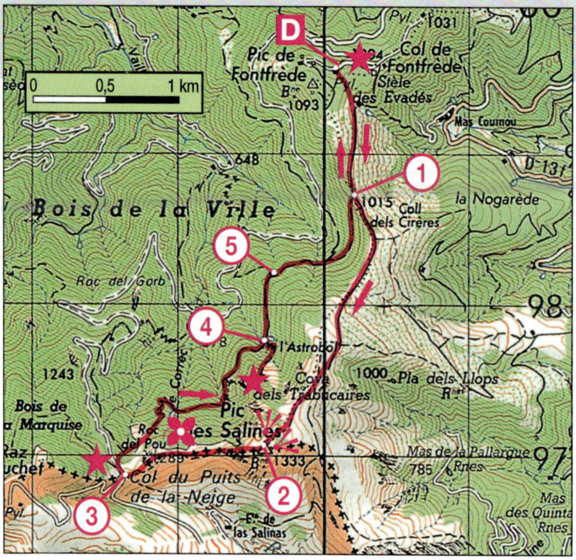

Cerisiers. -BM-

Accès au Départ : depuis Céret, route étroite et sinueuse jusqu'au col de la Brousse, puis jusqu'à la source de Fontfreda en fin de la route. **Stationnement :** parking source de Fontfreda altitude 1021 m. **Difficultés ou Conseils particuliers :** quelques passages escarpés. Déconseillé par brouillard.

D De la source, monter plein sud dans la forêt, passer un petit col et continuer à plat puis en légère descente jusqu'à une fourche.

1 Prendre à gauche. Après 150 m au col dels Cirères, quitter le GR® 10 et monter raide par un chemin à droite pendant 700 m. Dans un virage à gauche, monter à droite un sentier raide en forêt, couper une piste et continuer en face, décrire un lacet à droite puis arriver au terminal haut de la piste. Monter à gauche, passer une clôture et continuer presque à plat vers le sud, franchir une zone rocailleuse, monter et après une clôture arriver au pic des Salines ***(vue du Canigó à la Méditerranée)***.

2 Juste après la borne géodésique, tourner à droite et descendre raide vers l'ouest puis le nord-ouest. Descendre une zone rocailleuse, continuer ouest pendant 20 mn dans la végétation, puis arriver à un col en prairie. Passer un autre col, remonter à l'ouest en laissant sur la droite le roc du puits à neige et descendre vers une piste bétonnée, au col du puits à neige où l'on retrouve le GR® 10.

3 Le suivre en descente à droite en passant au ras d'un gros rocher, entrer dans la hêtraie **(puits à neige à gauche)**, continuer à droite, traverser un éboulis puis descendre raide par des lacets. Passer un ravin à gauche, le descendre rive droite puis au pied d'une dalle granitique continuer vers la droite. Franchir une zone caillouteuse, remonter quelques mètres jusque avant un autre ravin.

4 Monter raide à droite pour accéder à la **grotte des trabucaïres (30 mn, balisage point rouge et trait jaune)**. Au retour, prendre à droite, passer le petit ravin **(source)**, et continuer en balcon jusqu'à un carrefour de sentiers.

5 Ignorer celui qui descend et continuer à droite presque à plat, garder le sentier principal en balcon puis remonter et retrouver la fourche au point 1, prendre à gauche en légère montée puis revenir au départ par le même itinéraire en sens inverse.

Le pic des Salines, la mer au loin. -BM-

LE PIC DES SALINES

Une montagne habitée, hantée diraient même certains... La preuve s'il en est, par la présence de puits à neige construits au plus profond des forêts et des grottes secrètes où seraient cachés des butins. Mais que la mer est belle vue du haut de ces fières Albères !

4 h 00 - 10 km

balisage jaune D à 2, 6 à D
rouge et blanc de 3 à 6

dénivelée : 705 m

▼ 948 m ▲ 1 333 m

Le Musée d'Art Moderne de Céret

La première vague de séjours d'artistes à Céret (1910-1916) se fait autour des peintres de Montmartre et du « Bateau-Lavoir ».
Dès 1910, le sculpteur catalan Manolo, le musicien Déodat de Séverac et le peintre Frank Burty-Haviland s'installent ici et créent un **véritable foyer de l'avant-garde cubiste**.
C'est à Céret et autour des peintres de la maison Delcros, dont Picasso loue un étage, qu'évolue le mouvement. Kisling, Picabia et d'autres suivront. `
Une seconde vague de séjours d'artistes (1916-1945) se fait autour des peintres de Montparnasse et de « la Ruche ». Elle est initiée par Pierre Brune qui fait bâtir « le Castellas », un atelier résidence où il reçoit ses amis Krémègne, Soutine...
Plus tard, Masson, Chagall, Herbin, Tzara, Gris, Dubuffet et bien d'autres séjourneront à Céret. En 1940, la ville sera un refuge pour Cocteau, Saint-Saëns, Dufy... Miró, Tàpies, Viallat, Toni Grand passeront aussi par la « Mecque du Cubisme ».
Le musée est le fruit des séjours de ces artistes dans la ville et la région.
Quand en 1948, Franck Burty-Haviland et Pierre Brune se lancent dans le projet, ils ont déjà collecté nombre d'œuvres d'artistes « cérétans ». **Picasso fait don de 53 œuvres, Matisse offre 14 dessins fauves,** enrichissant ainsi la collection Aribaud léguée à la ville par la veuve d'un négociant en vin, amateur d'art : des œuvres de Gris, Herbin, Masson, Kisling, Manolo...
Le musée, installé dans un ancien couvent du 17e siècle, est inauguré le 18 juin 1950. Du Cubisme à l'École de Paris, du Nouveau Réalisme à Support-Surface, **la collection présente un panorama de l'art du siècle passé**. Aujourd'hui, le musée a acquis une renommée internationale.

DALI À CÉRET

1965 est marquée par la visite de Dali. Arrivé en ville en calèche et en fanfare, il y annonce son mariage avec Gala. Une cérémonie est organisée dans un décor de coccinelles et de papillons géants qui entourent un squelette de deux mètres de haut dont le bras articulé offre une rose au maître et dont le thorax s'ouvre pour laisser passer une petite fille munie d'un bouquet de fleurs...

Renseignements Musée :
04 68 87 27 76

VOIR ET SAVOIR

★ grotte des Trabucaïres, ancien repère protecteur des défenseurs de la cause locale • ancien puits à glace flore remarquable.
À PROXIMITÉ : ★ gorges et cascade des Baoussous hameau de Las Illas M le liège environnant (musée à Maureillas) ★ Céret, pays des premières cerises M Céret patrie du cubisme (musée).

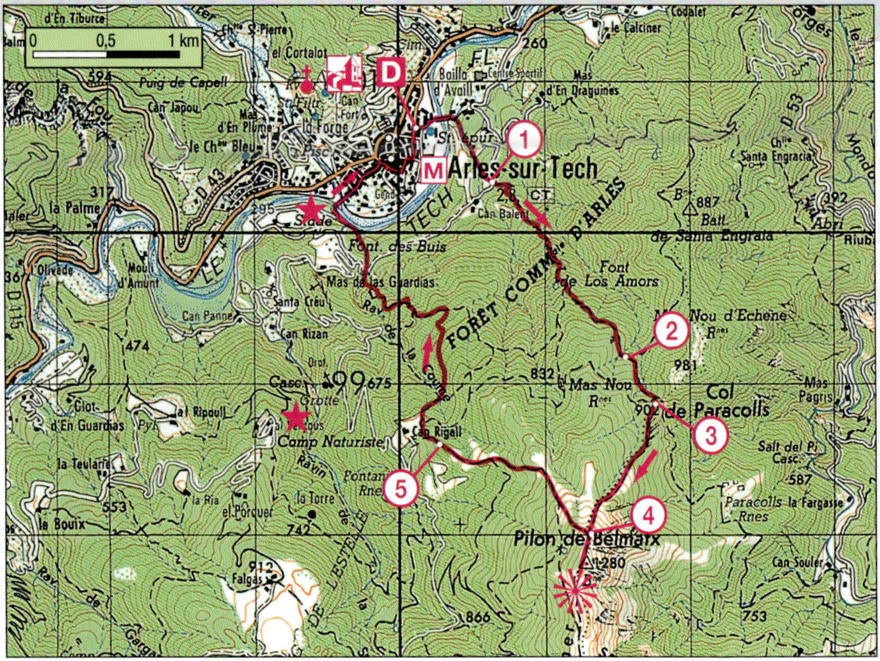

> **Stationnement :** salle des fêtes d'Arles-sur-Tech, en bas du village.
> **Difficultés ou Conseils Particuliers :** Descente raide entre 4 et 5.

D De la salle des fêtes, tourner à droite, aller jusqu'au panneau « rue du 14 Juillet », puis tourner à gauche et suivre le balisage rouge et blanc. La rue devient piste en terre, traverser le Tech sur la passerelle **(à gauche bâtiments de l'ancien téléphérique des mines de fer de Batère)**. Ignorer un sentier à gauche et monter la piste en béton sur quelques mètres puis prendre à droite le sentier, traverser un ravin, passer une clôture et monter à gauche en traversant des prairies, puis repasser une clôture. Retraverser le ravin et monter jusqu'à une route : la suivre à droite sur 15 m, et monter le sentier à gauche.

1 Reprendre la route à gauche et juste après le virage monter le sentier à gauche, passer une clôture, ignorer le sentier à droite et monter le chemin principal anciennement pavé qui décrit d'innombrables lacets dans des chênaies et des châtaigneraies. Plus haut, traverser une clairière ***(vue vers le nord sur les flancs sud du massif du Canigó)*** continuer tout droit sur une pente qui s'adoucit, passer un ravin et arriver à une fourche.

2 Monter à droite, passer un ravin et déboucher au col de Paracolls.

3 Monter le sentier à droite assez raide, balisage jaune et rouge, le long d'une croupe. Après plusieurs lacets, rejoindre dans un virage un sentier balisé en jaune.

4 Continuer à monter jusqu'au pic de Belmaig ***(panorama de la mer au Canigó)***. Redescendre sur ses pas jusqu'au sentier balisé en jaune **(pin isolé)**, et le suivre à gauche en descente très raide vers Can Rigall. Arrivé à un col bien marqué, descendre à gauche, continuer en direction de Can Rigall.

5 Prendre à droite vers Arles-sur-Tech en laissant à gauche Can Rigall, descendre par des lacets, couper une piste, franchir un ravin. Plus bas, dans un virage, descendre à droite vers Arles, par des virages dans la châtaigneraie puis arriver à une piste. La couper, passer une clôture, et continuer en forêt. Suivre le Tech à gauche et le traverser par un gué. Continuer dans Arles tout droit et arriver à une route plus fréquentée, tourner à droite et descendre une rue entre la mairie et l'abbaye. Virer à gauche, à droite, puis à gauche à nouveau pour revenir à la salle des fêtes.

Pilon du Belmaig et massif du Canigó. -BM-

« EL PILÓ » DE BELMAIG

ARLES-SUR-TECH

7

La langue catalane

Officielle en Andorre et en Catalogne du sud (Espagne), la langue catalane représente plus de huit millions de « catalanophones ».
Ici, elle maintient le lien avec des racines fortes et toujours présentes. Elle est « la langue de l'émotion ».
Bien après le traité des Pyrénées, et malgré tous les efforts de la Monarchie et de la République, la population des Pyrénées-Orientales a continué à parler catalan.
Aujourd'hui encore, la langue est très vivante dans la littérature, la chanson, à l'université ou tout simplement dans la vie quotidienne. Toutes les occasions sont bonnes pour parler catalan et affirmer son identité : fêtes religieuses ou votives, rugby, gastronomie...
Le passage à la langue française a instauré, de fait, un bilinguisme surtout en milieu rural. Le Conseil Général se bat aux côtés de nombreuses associations et acteurs locaux pour que les futures générations puissent être fières de dire « nosaltres aqui parlem català » (nous ici, nous parlons catalan) !

Depuis la vallée du Tech, c'est une randonnée sportive qui vous attend, avec la découverte d'une belle châtaigneraie séculaire, dominé par le piló de Belmaig et son panorama exceptionnel sur le Vallespir et la mer.

5 h 00 - 11 km

balisage rouge/blanc D à 3 jaune/rouge 3 à 4, jaune 4 à D

dénivelée : 1 045 m

▼ 265 m ▲ 1 280 m

Le Tech à Arles-sur-Tech. -BM-

ACCENT CATALAN. Parmi les termes rencontrés dans ce guide, el piló, c'est le piton, puig, c'est la colline...
Le ó avec accent se prononce ou, comme pour le mont Canigó mais ne doit pas s'écrire Canigó... Cuixà se prononce Coucha... Il existe bien d'autres particularités phonétiques propres au roussillonnais, qui en font toute la force et l'émotion.

VOIR ET SAVOIR

⚒ ancien site minier (fer) et de réception du minerai depuis Batère via un téléphérique aujourd'hui démonté ✝ Arles, abbaye bénédictine et cloître du 11e siècle, une des plus anciennes abbayes carolingiennes fondée en Catalogne.
À PROXIMITE : ★ batterie de Santa Engracia • cascade de Maria Valenta ☼ gorges de la Fou **M** musée d'Art Moderne de Céret Tél. 04 68 87 27 76.

Trois espèces découvertes au fil du chemin. -NI-

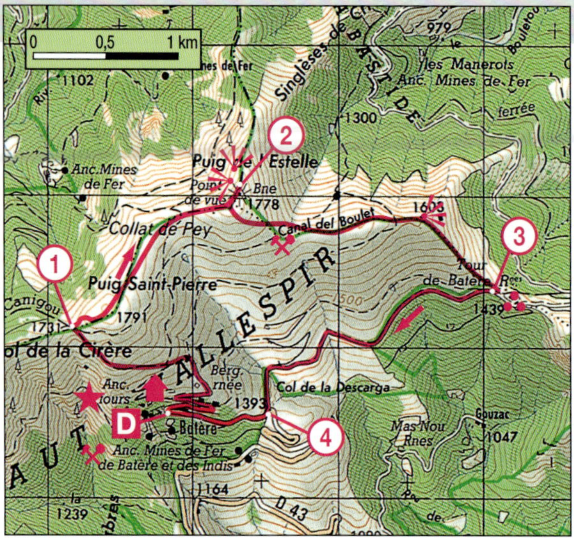

Le site est dominé par la tour de Batère, édifice de base circulaire dominant le col de la Porta, limite entre le Conflent et le Vallespir. -BM-

Accès au Départ : depuis Corsavy, suivre col de la Descarga, puis gîte de Batère.
Stationnement : devant le gîte.
Difficultés ou Conseils Particuliers : déconseillé en cas de brouillard.

D Monter la route par des lacets, prolonger sur une piste puis monter un sentier raide à gauche **(nord)**. Passer entre d'**anciennes carrières**, continuer à gauche en pente douce jusqu'à une carrière plus grande. Monter très raide à droite jusqu'au col de la Cirère.

1 Quitter le balisage rouge et blanc et monter à droite au pic St-Pierre. Du sommet plat, descendre à gauche **(nord-est)** pour rejoindre un col, passer sous un petit mamelon et arriver à un col et carrefour de sentiers. Monter raide en face au pic de l'Estelle ***(vue sur le Canigó, les Corbières, la mer et les Albères)***.

2 Descente facile sur le fil de l'arête, vers le sud-est **(à droite anciennes carrières d'exploitation)**. Arrivé à un replat, obliquer vers la gauche et suivre la crête vallonnée en prairies ***(vue sur la mer)***. Après une petite remontée, descendre à droite **(sud-est)** en suivant la trace qui est meilleure un peu à droite de l'arête, et atteindre une piste.

Juste avant le col de la Cirère. -BM-

Aconit anthora -BM-

3 **(Aller-retour 10 mn à gauche vers la tour de Batère)**. Au retour emprunter la piste sur plus de 2 km, et gagner le col routier de la Descarga.

4 Monter la route à droite menant au gîte d'étape de Batère.

LES FORGES CATALANES

Elles se multiplient à partir du 17e siècle et permettent de réduire la consommation de bois qui se raréfie dans les forêts pyrénéennes. Elles utilisent la force hydraulique pour actionner, d'une part, un marteau (ou martinet) et d'autre part un système de ventilation, la trompe, destiné à entretenir la combustion du foyer. Comme les autres forges, elles reposent sur un procédé technologique destiné à obtenir du fer par réduction directe du minerai (sans passer par l'intermédiaire de la fonte comme dans un haut-fourneau).

LE PIC DE L'ESTELLE

CORSAVY

8

Le cheminement de cette balade tranquille se déroule au cœur des vestiges d'un des plus grands sites miniers de fer d'Europe, et les hautes prairies des pics Saint-Pierre et de l'Estelle délivrent des vues insoupçonnées sur la plaine du Roussillon et sur la Méditerranée.

3 h 00 - 9 km

balisage rouge/jaune D à 1
pas de balisage de 1 à 3

dénivelée : 480 m

▼ 1 393 m ▲ 1 778 m

Du col de la Cirère. -BM-

Le fer du Canigó

Dès le 2e siècle av. J.-C., à l'époque celte, le fer du Canigó était utilisé. Il fut exploité au Moyen Âge, à Batère et à Leca notamment, mais par intermittence et ce, jusqu'au 19e. Les difficultés de transport freinaient la rentabilité de son exploitation, on acheminait le minerai vers les forges à dos d'hommes ou de mulets. Avec l'industrialisation et l'arrivée des hauts-fourneaux qui permettaient de travailler le fer en grande quantité, ce fut la fermeture progressive des forges catalanes et l'avènement de l'extraction de masse. Batère prit alors une dimension nouvelle : de nombreux bâtiments furent construits pour traiter le minerai brut et accueillir les mineurs. Ces anciens paysans devenus ouvriers vivaient dans des conditions particulièrement dures : la mine était en altitude, entre 1 100 et 1 700 m, le long d'une route étroite et isolée. En 1900, pour acheminer le minerai jusqu'à Arles, où étaient installés les fours à grillage, un transporteur aérien, long de 9 km, fut construit ; cet équipement très productif permit de retarder la fermeture de la mine. Autour des années 1950, la production annuelle atteignait 75 000 tonnes de minerai.
C'est en 1987 que la Société anonyme des Mines de Batère mit fin officiellement à l'extraction du fer. Jusqu'en 1994, on continua à transporter vers Decazeville et Fos-sur-Mer le minerai déjà extrait. Mais la fermeture des mines avait sonné la fin d'une époque dont il ne reste que les sombres entrées de mines et quelques vestiges épars, comme ces engins laissés à l'abandon.

-NI-

VOIR ET SAVOIR

⚒ mines de fer de Batère ★ ancien téléphérique du minerai jusqu'à Arles ⁂ tour à signaux de Batère ⌂ gîte de Batère ★ pâturages de l'Estelle
À PROXIMITÉ : ★ gorges de la Fou ‡ abbaye et cloître du 11e siècle d'Arles-sur-Tech.

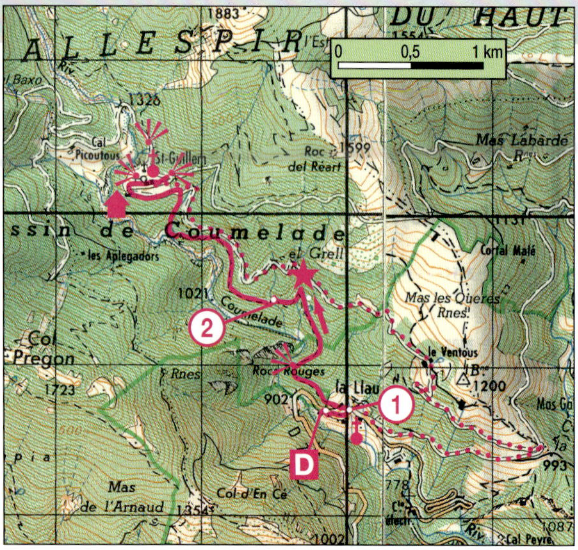

Dans la forêt, en route vers l'ermitage de Saint-Guillem, que l'on aperçoit au loin. -BM-

Les aiguilles de roc Rouge, visibles au point 1 du circuit. -BM-

Accès au Départ : sur la D74, 400 m à l'ouest du hameau de la Llau.

Stationnement : au carrefour de la D 74 avec une piste en terre.

D De la route, monter jusqu'à un grand virage à gauche.

1 Poursuivre par un sentier vers le nord-ouest. Passer une clôture, traverser une forêt de châtaigniers **(ancienne culture)**, le sentier souvent pavé de **grosses dalles d'un ancien canal d'irrigation**, il tourne à droite et traverse une hêtraie ***(vue au nord sur les aiguilles de roc Rouge)***. Monter dans des plantations de noisetiers, traverser vers la gauche un ruisseau **(cascade)**.

2 Passer un ravin à gauche, continuer à monter, puis le sentier oblique vers la droite plein nord. Franchir un ravin, ignorer à gauche l'accès à une prise d'eau de EDF, traverser un ruisseau puis sortir de la forêt au premier refuge ONF non gardé. Monter la piste pour arriver à l'**ermitage de St-Guillem-de-Combret *(superbe panorama)***. Revenir au départ par le même itinéraire en sens inverse ou par la variante.

Variante : depuis l'ermitage descendre par la piste principale (6,5 km - 1h45). Passer devant le mas Ventous, après 2 lacets la piste devient petite route. Au carrefour du col de la Roue descendre à droite et atteindre le hameau de La Llau. Le traverser tout droit pour rejoindre le point de stationnement.

ERMITAGE DE SAINT-GUILLEM

LE TECH

9

Le cheminement suit un itinéraire de pèlerinage anciennement pavé qui s'élève jusqu'à l'ermitage Saint-Guillem. Ce haut lieu invite au repos et à la sérénité sous la protection des puissantes montagnes du Tres-Vents et du Roja.

2 h 30 - 8 km
aucun balisage
dénivelée : 440 m
▼ 895 m ▲ 1 308 m

Histoires d'ermites

Les premiers ermites en Roussillon sont apparus avant l'an 1000. Ils vivaient seuls dans des cabanes à proximité de l'abbaye de Saint-Michel-de-Cuixà. Ils s'installent par la suite dans d'anciennes chapelles de paroisses ou de châteaux. Parfois ils créent eux-mêmes leur ermitage. Toujours très isolés, pour vivre leur ascétisme à l'écart du monde, ils leur arrivent d'assurer le service religieux pour les populations locales.

À partir du 17e siècle le nombre d'ermitages augmente.

L'ermite se sécularise, il participe à la vie religieuse et doit faire vivre son ermitage, l'agrandir pour accueillir les pèlerins, les voyageurs. Conseiller de la population, il joue un rôle social important dans la société catalane. Il quête dans les villages alentours avec sa capelleta autour du cou, sa chapelle portative. La Révolution met fin à cet âge d'or et les ermitages sont vendus. Les ermites réapparaissent au 19e siècle, ce ne sont plus des religieux mais de simples croyants, ils disparaîtront au début du 20e siècle.

L'histoire de Saint-Guillem commence au 11e siècle. Les pèlerins, en route pour Saint-Jacques-de-Compostelle, avaient besoin d'un lieu pour dormir. Un certain Guillem bâtit une chapelle dédiée à Sainte-Magdeleine, dans laquelle il accueillait bénévolement les voyageurs. Au fil des ans, cette chapelle fut connue pour être « la chapelle de Saint-Guillem », bien que le personnage n'ait jamais été canonisé. La chapelle traverse les siècles sans grands changements, ni dans son architecture, ni dans sa vocation. Elle apparaît dans la liste des ermitages du diocèse d'Elne en 1688.

À la Révolution, d'abord cédée à la commune de Prats-de-Mollo, elle est ensuite rachetée par la famille Sors, permettant ainsi de conserver l'exercice du culte dans ses murs.

Voir et Savoir

ermitage de Saint-Guillem ✿ anciennes plantations de châtaigniers et de noisetiers.

À PROXIMITÉ : hameaux « du bout du monde » : Veinat d'en Coume chapelle de Banat.

LES APLECS. Une ou plusieurs fois par an, l'ermite se trouvait au centre d'une ferveur religieuse : l'aplec.

La population des environs montait à l'ermitage, le curé de la paroisse y donnait une messe. C'était un jour de fête et, sur le parvis, quand l'espace le permettait (ce qui n'était pas toujours le cas), on jouait, on dansait…

Bien que les ermites aient disparu, la tradition des aplecs est toujours vivante.

Ermitage de Saint-Guillem-de-Combret.-BM-

PETITES HISTOIRES DE TRANSPORTS

Si le chemin de fer s'est d'abord développé à l'intérieur des Pyrénées-Orientales pour transporter le fer extrait des mines, il a, ensuite, incontestablement favorisé l'essor démographique et le tourisme.
Dès le début du 20e siècle, les voies ferrées ont permis d'atteindre les sommets des stations de sport d'hiver, les stations thermales et les villes de l'intérieur : train de Céret, du Vallespir, Train Jaune...

Gare de Perpignan. -GG-

De la route du fer...

Pendant plus de vingt siècles, l'exploitation du fer a profondément marqué les paysages du massif du Canigó. Carrières à ciel ouvert, galeries souterraines, fours, câbles suspendus entre ciel et terre… et autant de chemins muletiers, de pistes carrossables, de voies ferrées, pour transporter, le minerai d'un flanc à l'autre de la montagne, du Conflent au Vallespir, ou pour accéder aux villages aujourd'hui erratiques, où ne vivaient que les mineurs et leurs familles : Batère, Formentera, La Pinosa. D'Arles-sur-Tech à Villefranche-de-Conflent, de Saint-Marsal à Baillestavy, de La Pinosa à Valmanya, en voiture ou à pied, la route du fer est une multitude de cheminements. Une balade sur les rives de la mémoire industrielle d'un pays mais aussi sur les chemins d'une histoire douloureuse. Lieux de repli des maquis de la Résistance, les sites miniers ont été le théâtre de drames et d'épisodes sanglants comme à Valmanya.

... au chemin de fer

La première ligne de chemin de fer est mise en service dans le département en 1858. Auparavant son terminus était Narbonne. Cette liaison ferroviaire nouvelle favorise la croissance démographique, notamment celle de Perpignan qui, dans le même temps détruit ses remparts militaires Vauban pour s'étendre dans la plaine. Vingt ans plus tard, la liaison sera prolongée vers l'Espagne.

Parallèlement, pour assurer l'exploitation du minerai de fer dans le massif du Canigó, des voies de chemin de fer se créent dans les trois vallées principales (l'Agly, la Têt et le Tech). Elles confortent les voies historiques qui, depuis le Moyen Âge, assurent les liaisons entre la Méditerranée et les Pyrénées. Ces lignes, parmi les plus hautes d'Europe, seront à l'origine du développement du tourisme de montagne. Le fameux Train Jaune en est l'exemple typique.

> " Soudain tout apparut avec la clarté d'un éclair : devant moi se trouvait le centre de l'univers "
>
> Salvador DALI
> *à propos de la gare de Perpignan*

Entre la France et l'Espagne, un écart de voies

L'ouverture de la liaison vers la Catalogne du sud, en 2012, met Perpignan à 50 mn de Barcelone. Elle relie les lignes grande vitesse des réseaux français et espagnol (LGV Figueres-Barcelone) et permet une liaison rapide et continue de Madrid à Bruxelles, via Paris. Cette facilité d'échange ferroviaire entre la France et l'Espagne est tout à fait nouvelle : jusqu'à maintenant, il fallait changer de train à la frontière car les voies ferrées françaises et espagnoles n'avaient pas le même écartement. C'est une ordonnance du roi d'Espagne de 1844 qui préconisa un espacement entre les deux rails différent de celui des autres voies ferrées européennes, notamment françaises. L'objectif était stratégique, c'était un moyen d'éviter l'invasion du royaume par voie ferrée. Cette décision à connotation militaire eut de lourdes conséquences sur la vie économique de l'Espagne : elle est une des principales raisons de l'isolement de certaines régions intérieures comme la Navarre ou l'Aragon, alors que les régions du littoral, basque ou catalan, purent se développer plus facilement.

Le train jaune. -NI-

LES PYRÉNÉES-ORIENTALES, À PIED, EN VOITURE... ET EN BUS

• Le bus à 1 euro

Face à la fermeture de certaines liaisons ferroviaires (notamment de la vallée du Tech) et pour encourager l'usage des transports en commun, le Conseil Général a mis en place en 2008 la possibilité pour tous les voyageurs de se déplacer en car pour la somme symbolique de 1 euro. Et ce quelle que soit la destination à l'intérieur du département.

• Le développement du réseau routier

Face à l'affluence touristique que connaît le département et aux 7 millions de visiteurs annuel (la population des Pyrénées-Orientales dépasse les 1,2 million de personnes au mois d'août), le réseau routier et les voies départementales rapides (4 voies) se développent pour desservir tout le département.

Rond point de la fraternité, zone aéroportuaire de Perpignan. -GG-

Dans le Haut-Conflent, la route et le train se croisent. -NI-

11 LE REFUGE DE LAS CONQUES

PRATS-DE-MOLLO

7 h 15 - 22 km

balisage jaune et panneau ; cairns

Dénivelée : 1 115 m

▼ 1 600 m ▲ 2 465 m

Cette boucle dans la Réserve naturelle de Prats-de-Mollo nous fait découvrir tous les paysages du haut-Vallespir depuis le sommet de Costabonne. Les surprenantes aiguilles de quartz de la Rotja tranchent avec les sources du Tech dont les verts pâturages attirent de nombreux isards.

Accès au Départ : par la route de la Preste puis celle du gîte de las Conques.
Stationnement : parking du gîte.
Difficultés ou Conseils particuliers : itinéraire de montagne ; déconseillé par brouillard.

D Du parking du gîte, monter en face la large piste, puis le sentier à gauche en forêt.

1 À la prairie du col Baix prendre à droite direction PR 15 pic du Costabona. En bout de la clairière monter en forêt à gauche, passer une source, arriver à la prairie du pla de les Eugues.

2 Monter à gauche, à proximité d'un bloc rocheux, entrer dans la pinède. Passer dans une clairière entre 2 gros rochers, puis monter en forêt à droite et de suite à gauche, jusqu'en bordure d'un petit col en prairie, qu'on laisse sur la droite. Décrire une courbe montante vers la gauche

Le Canigó des Esquerdes de Rotja. -BM-

(nord-est), passer une source et continuer à plat vers l'ouest, monter à droite (nord-ouest) et traverser une zone de **blocs de quartz blanc et gris**. Passer une clôture avant le col "portella des Avets".

3 ***Vue sur le massif de Madres et le Moyen-Conflent***. Descendre vers le nord-ouest puis tourner à gauche (sud-ouest) et monter en bordure des **aiguilles de quartz des Esquerdes de Rotja**. Continuer tout droit, sans franchir la crête, jusqu'aux lacets montants au **"col portella de Rotja" (pierres au quartz blanc pur)**.

4 ***Vue sur la vallée de la Rotja et la cime de Pomarola***. Laisser le refuge **(non gardé)** sur la droite et continuer à plat (sud puis sud-ouest), descendre un secteur rocailleux, passer vers un **monument aux morts**, traverser les **sources du Tech** et virer à gauche. Passer près du large col del Pal, laisser à droite le **cairn monumental du méridien de Paris**, puis monter au pic du Costabona ***(vue du Canigó au Carlit au nord et du gra de Fajol aux Albères au sud)***.

5 Descendre raide, rejoindre un meilleur sentier et le suivre à droite, décrire deux lacets et le quitter pour tourner à gauche **(PR 15)**. Descendre de nombreux lacets **(cailloux noirs, anciennes mines de fer)** le chemin devient plus large. Plus bas, on change de versant, continuer nord, puis descendre par des lacets et entrer en forêt.

6 Juste avant des parcs à bestiaux, quitter la piste et prendre à gauche un sentier en forêt. Traverser un premier ruisseau, puis par la droite, un deuxième, et remonter en végétation dense jusqu'à la prairie du col de l'Ouillat. Descendre au nord en

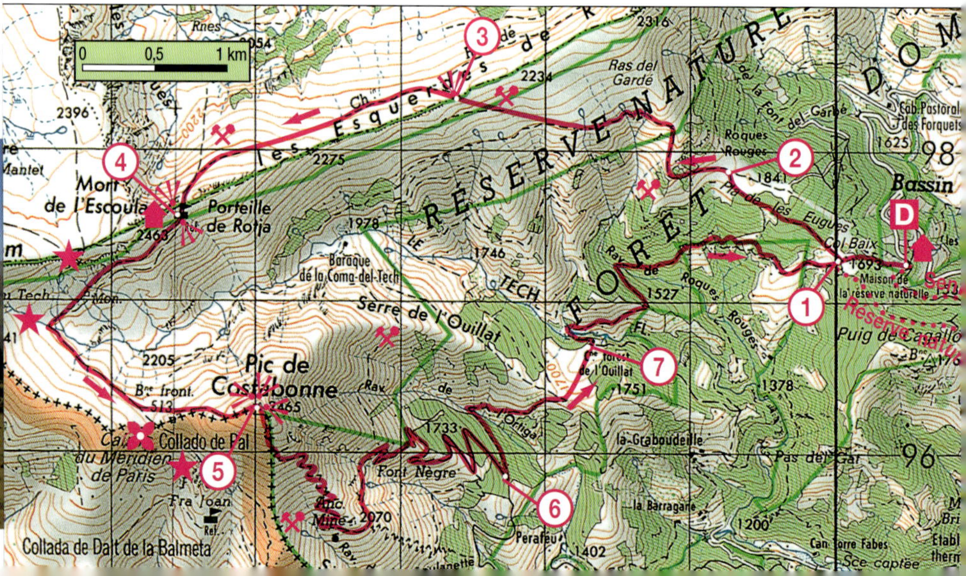

prairie jusqu'aux cabanes forestières de l'Ouillat.

7 Juste avant celles-ci prendre à gauche un sentier en forêt et descendre vers le fleuve du Tech. Le traverser, remonter sur la gauche et franchir un ruisseau à droite, monter vers l'est dans une végétation dense. À un col, descendre à gauche (nord-ouest) dans une hêtraie, traverser un ruisseau et poursuivre à droite. Le sentier ondule, passe un ruisseau puis entre forêt et clairière, il retrouve le col Baix en 1. Descendre tout droit vers l'est pour rejoindre le parking du gîte, ou descendre à droite en forêt pour parcourir **le sentier d'interprétation de la Réserve naturelle**. Passer sous le flanc nord du pic de Caga-Llops, décrire un lacet vers la gauche et rejoindre le parking du gîte.

Les Esquerdes de Rotja en redescendant.
-BM-

Voir et Savoir

★ spectaculaires aiguilles de quartz des Esquerdes de Rotja • sources du fleuve le Tech faune et flore de la Réserve naturelle anciennes mines • cairn monumental du méridien de Paris ★ monument aux morts avec effets sonores actionnés par le vent • pic du Costabona 2 465 m.

À PROXIMITÉ : Prats-de-Mollo, cité fortifiée par Vauban **M** musée de Serralongue sur les activités traditionnelles du Haut-Vallespir.

LA RETIRADA

Dans la nuit du 27 au 28 janvier 1939, des dizaines de milliers d'Espagnols affluent à la frontière. La veille, Barcelone est tombée aux mains des troupes franquistes, la fin de la guerre civile approche. Des colonnes entières de civils fuient dans un désordre indescriptible. Ils s'amassent, dans le froid de l'hiver, aux portes de la France, à Prats-de-Mollo, à Cerbère ou au Perthus... C'est le début de l'exode, du repli : la Retirada.

L'exode à Prats-de-Mollo et ailleurs

Les réfugiés attendent le 5 février que le gouvernement français, après maintes hésitations, autorise leur entrée sur le territoire. En quelques jours, environ 500 000 civils, rejoints plus tard par des soldats républicains, viennent chercher l'exil en France. L'accueil ne sera pas des plus chaleureux.

Les camps de la honte

Dans la France de Daladier, les *« étrangers jugés indésirables »* sont internés au mépris de toute humanité. Les réfugiés espagnols se retrouvent dans des camps improvisés sur la plage d'Argelès. Ils ne disposent ni d'abri, ni d'eau et n'ont presque rien à manger. D'autres camps, aux conditions aussi précaires, sont ouverts à St-Cyprien, au Barcarès. Plus tard d'autres centres voient le jour, comme à Rivesaltes (1941) où l'on envoie également juifs d'Europe de l'Est et Tsiganes. Ces camps sont appelés *« camps de concentration »*... Plus de 15 000 internés y trouveront la mort, souvent par maladie (dysenterie...). Le château de Collioure est réservé aux Républicains jugés dangereux. Les traitements qui leur sont infligés sont si durs que la « prison » doit fermer.

Des réfugiés au service de la France

Pendant la guerre, les réfugiés s'enrôlent dans la Légion ou sont contraints de rejoindre les *« Compagnies de Travailleurs Etrangers »*. Les *« Guerilleros »*, groupe de résistants espagnols, s'illustreront dans les combats à la Libération. Après-guerre, certains réfugiés décident de partir pour l'Amérique du Sud, mais, la plupart des Républicains espagnols restent et, malgré les premières années difficiles, s'intègrent progressivement. Aujourd'hui, on estime qu'environ un tiers de la population des Pyrénées-Orientales est issue de la Retirada.

LE MUSÉE MÉMORIAL CAMP DE RIVESALTES

Le Conseil Général est à l'initiative de ce grand centre de la mémoire. Le mémorial, érigé en lieu et place d'un ancien îlot du camp Joffre de Rivesaltes (600 ha) a pour vocation de rappeler l'histoire et le destin d'hommes « indésirables », Républicains espagnols, Israélites, Harkis rapatriés d'Algérie passés par les camps de Rivesaltes ou d'ailleurs. Ce mémorial est unique.

Les pêchers de Vinça. -BM-

Le Conflent

Le Conflent doit son nom aux nombreux cours d'eau qui « confluent » vers la Têt. Tout comme le Vallespir, mais plus vaste, le Conflent a un double visage : une plaine toute en largeur, avec ses cultures maraîchères, ses vergers autour de Prades, qui se resserre à hauteur de Villefranche-de-Conflent pour former une vallée plus étroite, entre Canigó et massif du Madres. Là, la montagne reprend ses droits, c'est le Haut-Conflent avec ses pâturages mais aussi ses paysages accidentés.
Pas moins de neuf circuits présentent la richesse du Conflent, incluant deux balades autour du mont Canigó, les incontournables randonnées autour du Train Jaune, des sites Vauban (Mont-Louis et Villefranche), des abbayes de Saint-Michel-de-Cuixà et de Saint-Martin-du-Canigó, mais aussi à travers les gorges de Carança ou les Réserves Naturelles de Nyer et de Jujols.

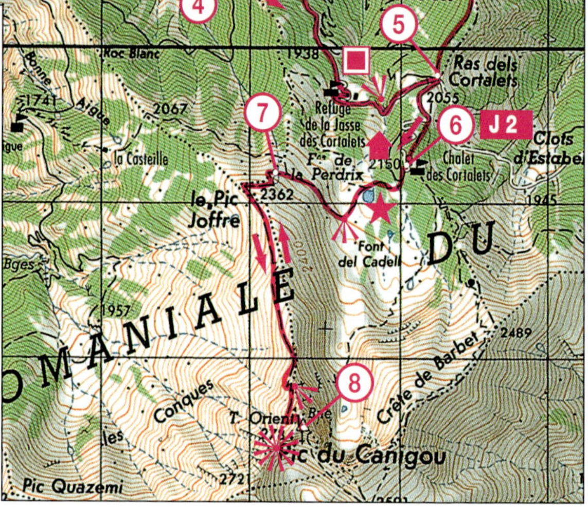

Croix au sommet du Canigó. -NI-

Stationnement : parking vers la mairie de Fillols.

Difficultés ou Conseils Pratiques : cet itinéraire étant long avec une dénivelée importante, nous le proposons sur deux jours. J1 avec la montée jusqu'au refuge des Cortalets et la nuitée. J2 avec l'ascension du Canigó puis la descente au refuge et retour à Fillols. Si on dispose de deux véhicules il est possible de terminer en 11 ou à Taurinya.

JOUR 1

D Monter la route face à la mairie, délaisser une route qui descend à gauche, en bout délaisser un chemin à gauche et continuer à droite. Traverser un ruisseau et rester à gauche.

1 Au croisement prendre à gauche col des Voltes, monter un sentier à gauche, redescendre et au niveau d'un muret prendre à droite. Plus haut au carrefour suivre à gauche.

2 À la fourche continuer à gauche **(ne pas suivre pic du Cogollo)**, descendre, franchir le ruisseau de Fillols et monter jusqu'à une piste dans un virage.

3 La suivre à droite sur 100 m puis monter un sentier à droite ***(vue sur Fillols et Corneilla)***. Monter en fond de vallée puis par des lacets, et gagner le col des Voltes.

4 Dans le virage monter la piste en face, passer **l'abri de la Jasse des Cortalets, orri, *vue sur la vallée de la têt et Prades*** et atteindre le col des Cortalets.

5 Monter la piste à droite, franchir une barrière et après 50 m dans un virage monter un sentier à gauche pour rejoindre le **refuge des Cortalets**.

JOUR 2

6 Prendre la direction du pic du Canigó, passer vers un **étang**, ***vue sur l'ancien cirque glaciaire du Canigó***) et monter.

7 Délaisser le chemin balisé rouge et blanc à droite et monter à gauche. Remonter une longue épaule, traverser un pierrier et gagner la base de la pyramide sommitale ***(vue sur le cirque glaciaire et la paroi rocheuse du Barbet)***. S'élever par des virages dans un pierrier et atteindre le (***sommet du Canigó, vue sur les Corbières, massif du Carlit, Corneilla, vallée de la Têt, Perpignan, la Méditerranée***).

8 Descendre par le même itinéraire jusqu'au refuge, le contourner par la droite et suivre le sentier puis la piste à droite et gagner le col en 5. Légèrement sur la gauche suivre un sentier en direction du roc Mosquit. Continuer à flanc en dominant le ravin, basculer sur un autre versant ***(vue sur la vallée de la têt, les rocs Michelet et Mosquit)***. Passer une brèche, puis sous le roc Mosquit, descendre en forêt et atteindre un croisement.

9 Continuer en face vers Taurinya en forêt, franchir un ravin, puis une zone de prairie et de rochers ***(vue sur la vallée de la Têt et Prades)*** et rejoindre un **(ancien village pastoral)**.

10 Passer entre les **orris**. Continuer ***(vue sur Taurinya, abbaye de Cuixà)*** dans une zone de taillis **(grand orri)** puis de sous-bois et descendre jusqu'à un chemin perpendiculaire. Le suivre à gauche, gagner une piste et la suivre en traversant un pont.

11 Suivre la route à gauche vers Fillols et à hauteur d'une maison poursuivre sur une piste. Monter, au croisement prendre à gauche vers le col de Millères. Au col suivre la route à gauche et à l'entrée du camping emprunter le chemin à gauche, en ***vue de Fillols*** rester à gauche et revenir au départ.

Hors Circuit en 11 : sentier à droite vers Taurinya.

Voir et Savoir

✝ église de Fillols 12e siècle ⌂ refuge des Cortalets ★ pic du Canigó ▣ ancien village pastoral et Orri.

À PROXIMITÉ : ✝ église de Corneilla-de-Conflent du 11e et 16e siècles • abbaye romane de Saint-Michel-de-Cuixà du 11e siècle • Abbaye Saint-Martin-du-Canigó près de Casteil ★ parc animalier de Casteil.

La « montagne sacrée des Catalans »

Le massif du Canigó n'est ni le plus étendu, ni le plus élevé des Pyrénées catalanes. Sa fameuse silhouette pyramidale, son isolement tout au bout de la chaîne pyrénéenne et ses 2784 mètres, si proche de la mer l'ont rendu, très tôt, célèbre. Cette singularité est rare en Europe, et le Canigó ne la partage guère qu'avec le mont Olympe, l'Etna et la sierra Nevada. Repère pour les marins, le Canigó passa ainsi pour la plus haute montagne d'Europe jusqu'au 18e siècle.

Cette notoriété a été largement relayée dans la littérature, avec notamment la poésie de Jacint Verdaguer, qui enrichit sa valeur symbolique et culturelle : c'est la *« montagne sacrée »* des Catalans. Avec la Pica d'Estats et la Pedraforca, il demeure un lieu de mémoire du Pyrénéisme.

Aujourd'hui, ses paysages, vallées, sites et villages sont d'un intérêt touristique essentiel pour la découverte de la faune et de la flore, pour ses vastes espaces d'altitude et d'intimité autant que pour ses nombreux chemins de randonnée, ses parcours VTT, ses sites d'escalade et ses canyons.

Sommet emblématique des Pyrénées-Orientales, le pic du Canigó est à conquérir par une longue marche. Pour cela, son ascension se fera sur deux jours avec une nuitée passée au refuge des Cortalets, 700 mètres sous la croix catalane du Canigó.

(J1) 5 h 00 - (J2) 8 h 15

balisage*

(J1) 8 km - (J2) 19 km

dénivelée : J1 : + 1410 m - 30 m
J2 : + 830 m - 2 150 m

▼ 622 m ▲ 2 784 m

* Jaune D à 4, 6 à 8 ; rouge blanc 6 à 7, 6 à 11 ; rouge jaune 11 à D

Halte au sommet du Canigó. -NI-

Détail de l'église de Corneilla. -BM-

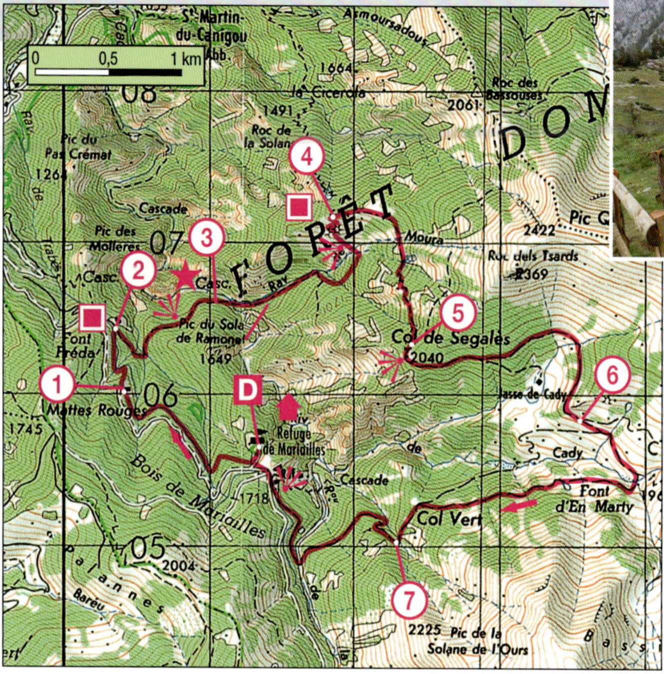

Table de lecture à Mariailles. -ONF-

Accès au Départ : depuis Casteil suivre la route du col de Jou, à ce col suivre en face la piste en terre.

Stationnement : parking à hauteur du refuge de Mariailles.

Difficultés ou Conseils Pratiques : le refuge de Mariailles permet d'accéder au pic du Canigó par une voie légèrement plus technique que depuis les Cortalets, avec une petite cheminée dans l'ascension finale. Compter 6 h 30 - AR.

D Depuis le bâtiment du refuge emprunter le chemin d'accès et après 200 m descendre un sentier à droite balisé rouge et blanc vers parc du Randé. Suivre un canal en forêt, au croisement poursuivre en face, dépasser une cascade.

1 Dans un virage, au niveau d'une borne blanche, quitter le chemin et virer à droite sur un sentier, suivre le canal et le quitter pour descendre à droite vers un panneau signalétique.

2 **Orri**. Continuer à droite en direction de Jas de Moura, franchir le ruisseau et remonter, continuer à flanc en forêt ***(vue sur le ravin de Cady, le pic des Mollères)*** et rejoindre la rivière **(cascades)**.

3 Franchir la passerelle et remonter à droite le **ravin de Moura (cascade)**, après un deuxième passage rocheux sécurisé, monter raide en forêt. Traverser un pierrier, plusieurs ruisselets ***(vue sur le massif du Carlit)***. Dans une zone de fougères contourner un **orri** et gagner une prairie.

4 Poursuivre à droite, **orri de Moura,** vers le col de Segalès. En forêt descendre, traverser un pierrier et remonter.

5 Au col de Segalès prendre à droite vers le **refuge de Mariailles *(vue sur ce refuge)***. Le sentier à plat en forêt traverse deux pierriers et atteint une fourche.

6 Délaisser le sentier vers le Canigó à gauche et prendre celui de droite. Franchir le torrent de Cady, continuer sur l'autre versant de la vallée, franchir plusieurs portillons et passer dans un autre vallon.

7 Passer le **ravin des sept hommes**, continuer en forêt. Franchir une passerelle et un portillon, passer au-dessus d'une cabane ONF et rejoindre un carrefour ***(vue sur le Canigó)***. Descendre en face le long d'une clôture vers le refuge de Mariailles.

Vue depuis l'orri de Moura en 4. -NI-

Refuge ONF au point D. -NI-

LE CHEMIN DES ESTIVES

CASTEIL

13

VOIR ET SAVOIR

refuge de Mariailles ★ cascades • orris.

À PROXIMITÉ : abbaye de Saint-Martin-du Canigó 11e siècle près de Casteil ★ Parc animalier de Casteil Réserve naturelle de Py.

À partir du refuge de Mariailles vous découvrirez son environnement proche par des canaux aménagés. Vous irez à la rencontre des cascades dans le ravin sauvage de Moura, vous traverserez les pâturages qui montent à l'assaut du pic du Canigó, et dans lesquels les orris sont maintenant les seuls gardiens des lieux.

4 h 30 - 12,5 km

balisage rouge blanc D à 1 5 à D, jaune 2 à 5.

dénivelée : 810 m

▼ 1 356 m ▲ 2 060 m

Opération Canigó Grand Site

En tant que site classé de grande notoriété, le massif du Canigó est une opération Grand Site depuis 1999, en vue de l'obtention du label «Grand Site de France». Un nouvel élan a été donné en 2002 avec la création du Syndicat Mixte Canigó Grand Site qui a pour mission de préserver et de mettre en valeur tous les éléments du patrimoine naturel et culturel sur le massif du Canigó, dans le respect de l'esprit des lieux.

L'implication de ses villages et des associations du Canigó fait des thèmes du fer, du sylvo-pastoralisme et du pyrénéisme les éléments incontournables de la politique Grand Site, pour contribuer au développement local.

Portée par le Conseil Général, les communes et l'ONF, en partenariat avec la Région et l'État, l'Opération Grand Site du Canigó se traduit par des interventions concrètes : réhabilitation paysagère de zones dégradées, amélioration et création d'équipements d'accueil et d'aires de stationnement, maîtrise de la circulation motorisée et soutien aux mobilités douces, entretien de l'accès au Site Classé, diffusion d'informations pratiques, sensibilisation à l'écologie montagnarde... Il s'agit là d'une mobilisation quotidienne pour faire de la *« montagne sacrée des Catalans »* un massif vivant, libre et gratuit.

Carline. -NI-

LE PYRÉNÉISME. L'histoire du pyrénéisme est indissociable de l'histoire des hommes, de l'évolution des mentalités et de l'histoire des vallées.

Le pyrénéisme est d'abord un art de vivre dans un milieu avant d'être une pratique physique ou sportive. Si les pyrénéistes sont de fervents randonneurs, pour certains des conquérants des sommets, ils sont aussi de grands humanistes, à l'image de **Joseph Ribas**, auteur de nombreux ouvrages sur les Pyrénées.

Vue sur le pic de Mollères, entre 2 et 3. -NI-

Chapiteau à Saint-Martin-du-Canigó. -BM

Saint-Martin-du-Canigó. -BM

La richesse de l'architecture romane et préromane dans les Pyrénées-Orientales est exceptionnelle. Abbayes, églises ou simples chapelles, chaque recoin du département recèle un de ces trésors dont la beauté intérieure le dispute à la plénitude de l'architecture extérieure.

L'école roussillonnaise

Les premières réalisations préromanes s'inspirent largement des influences romaines et wisigothiques. Peu à peu, elles s'en détachent pour définir un style propre, tout à fait original. Leur plan est généralement simple et l'extérieur est décoré de bandes lombardes, des frises aux arcatures aveugles. Un haut clocher, carré ou rectangulaire, à la fois massif et puissant, domine avec élégance comme à Elne, Saint-Michel- de-Cuixà ou Saint-Martin-du-Canigó.

Détail du porche de l'église de Corneilla-de-Conflent. -NI-

L'école roussillonnaise qui se constitue au début du 11e siècle, intègre des sculptures remarquables à l'architecture : on peut en admirer à Elne et surtout à Saint-Jean-le-Vieux, à Perpignan. Les linteaux sont également sculptés : c'est le cas des églises abbatiales de Saint-Génis-des-Fontaines et Saint-André.

Chefs-d'œuvre du 12e siècle

C'est au 12e siècle que la sculpture s'exprime pleinement dans les chapiteaux de cloîtres et des tribunes : au prieuré augustin de Serrabona, on peut admirer taillées dans le marbre rose de Villefranche, une flore et une faune fantastiques d'une grande beauté. Toujours à la même époque, mais dans un style influencé par l'Italie, le tympan de l'église de Cabestany, dans le faubourg de Perpignan, présente une œuvre remarquable (une dormition de Marie et

son assomption), réalisé par un sculpteur anonyme, qui n'est autre que « le Maître de Cabestany ». À l'intérieur, on trouve encore des chefs-d'œuvre de décoration : fresques comme à Saint-Martin-de-Fenollar, retables polychromes comme celui de la Vierge d'Angoustrine, Christ vêtu comme celui de La Trinité ou admirables statues peintes de la Vierge, un peu partout en Cerdagne. Jusqu'à la fin du 13e siècle, l'art roman en Roussillon continuera de s'exprimer dans toute sa splendeur comme en témoigne le cloître de Saint-Génis-des-Fontaines.

Mieux comprendre les styles...

• **Le préroman :** il se caractérise par ses arcs outrepassés qui dessinent un arc de cercle plus grand que le demi-cercle (en forme de fer à cheval) et qui trouvent leur origine dans l'architecture islamique et wisigothique d'Espagne des 6e et 7e siècles. Les arcs et arcades en retrait des piédroits marquent aussi ce préroman. À l'extrémité de l'église située derrière le chœur, l'abside est, à cette époque, carré, rectangulaire ou trapézoïdal. Le mur de chevet est plat et les voûtes d'abside sont en arrière de l'aplomb du mur.

Rétable gothique Palau de Cerdagne. -MC-

L'ÉGLISE ROMANE

L'église romane adopte le plan de la croix latine :

1: l'abside, qui entoure le chœur évoque la tête du Christ.

2 : le transept, en coupant la nef centrale, évoque ses bras.

3 : la nef symbolise le corps. Généralement, l'église est tournée vers l'est, son abside indiquant la direction du soleil levant.

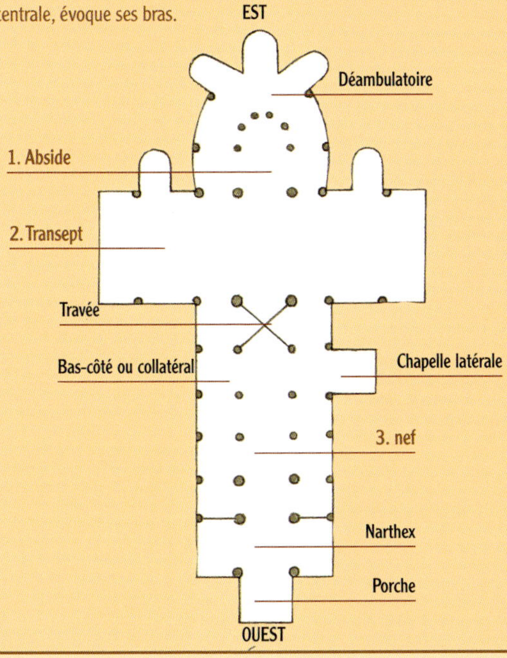

• **Le roman :** les arcs sont dits en plein cintre, c'est-à-dire en demi-cercle. Les voûtes sont en berceau, les absides deviennent rondes. Les vaisseaux ne sont plus charpentés mais voûtés. Les sculptures viennent décorer l'architecture et l'appareil en grands blocs de pierre apparaît au second âge du roman.

• **Le gothique :** c'est avec le Royaume de Majorque que ce style apparaît en Roussillon. Sa caractéristique essentielle, l'arc brisé, est reconnu par tous. Il est associé à la voûte sur croisé d'ogive ainsi qu'à l'arc boutant. Les constructions ne reposent plus sur le poids des murs « porteurs », véritables murailles soutenant sur toute leur largeur les voûtes en plein cintre, elles reposent désormais sur des colonnes et des piliers, plus aériens.

• **Le baroque :** de la fin du 16e siècle à 1800, le style baroque couvre une longue période de l'histoire. Il se caractérise avant tout par la liberté des formes et la profusion des ornements. En deux siècles, plus de huit cents retables en bois dorés et polychromés vont orner les églises catalanes.

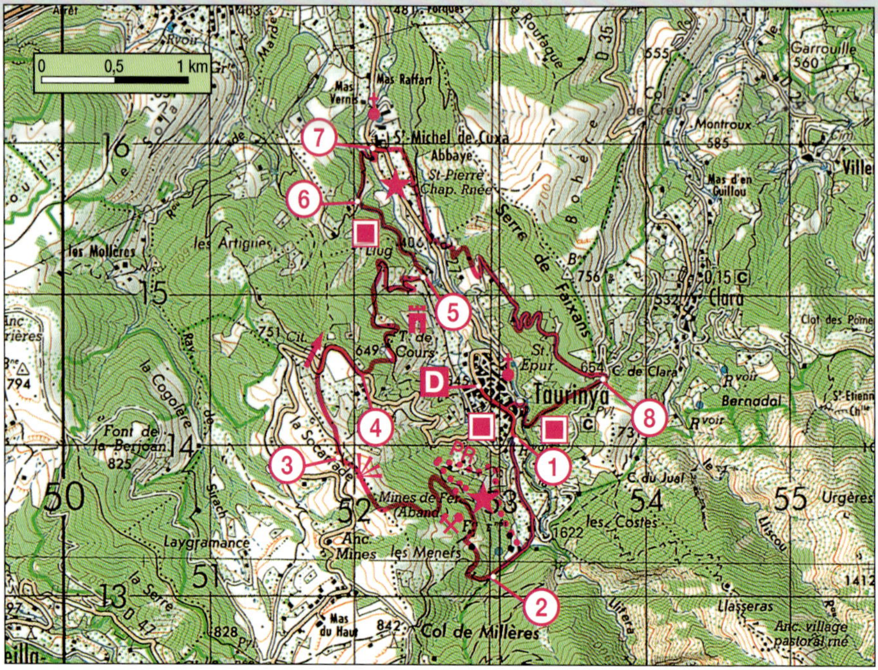

> **Stationnement :** place du Bistrot de pays El Taller, à Taurinya

D Du parking, monter à droite la rue principale jusqu'à une fourche.

1 Monter à gauche la route Cami de les Tarteres, après 700 m elle tourne à droite, s'aplanit, passe un petit pont, et se termine à un parking **(panneau « mines du Salver, balcon de Taurinya »)**.

2 Monter la piste en forêt, tourner à droite et arriver dans le **site minier de fer d'el Salver**. Continuer à plat, puis monter raide à gauche le plan incliné maçonné **(ancien four, village de mineurs)**, obliquer à droite entre des casernements et continuer à plat. Descendre à gauche et quand le chemin remonte, quitter celui balisé en jaune et monter tout droit. Faire deux virages dans une châtaigneraie, descendre et passer entre des **trous d'extractions de minerai** et continuer sur un sentier en montée raide. Au carrefour de chemins monter en face **(balisage jaune)**, le sentier s'élargit et descend au lieu-dit Costes d'Anglades ***(vue à droite sur la mer)***. Plus bas, arriver à un petit col en prairies.

3 Descendre à droite puis, à une fourche, continuer à descendre à gauche. Traverser des prairies, gagner une route et la suivre à droite.

4 Juste avant la fromagerie de chèvres, descendre un chemin à gauche en forêt, peu après tourner à droite et arriver à la **tour de Cours**. Continuer à descendre en laissant la tour à droite, et décrire une série de lacets.

5 Quand le large chemin remonte, le quitter et descendre un sentier à gauche, décrire 2 lacets puis aller vers la gauche et suivre le **canal d'irrigation de Bohère**, après 700 m arriver à un carrefour de pistes.

6 Franchir le pont et descendre à droite par des lacets. Traverser à gué la rivière, remonter en face et arriver au parking de l'abbaye de Saint-Michel-de-Cuixà.

7 Monter la route à droite en contournant l'abbaye, dans le virage continuer sur un chemin en face le long de vergers de pêchers, tourner à droite en forêt, passer devant la **stèle de Saint-Pierre-d'Orseolo**, garder la piste vers le sud et rejoindre la route. La suivre à gauche sur 10 m, tourner à gauche sur une piste puis monter à gauche un sentier pavé au début qui s'enfonce en forêt. Rejoindre et monter une piste à gauche qui, par des lacets et après 2 km, atteint le croisement du col de Clara.

8 Ignorer les 3 pistes principales à gauche et descendre à droite un bon sentier en forêt. Laisser une ruine à gauche, et par des lacets, rejoindre la rivière **(ancien moulin de Taurinya sur la gauche)**. Franchir la passerelle et descendre le chemin à droite, et après 50 m monter le sentier à gauche. Au carrefour, dans Taurinya, prendre à droite le long de l'église et au suivant, à gauche carrer de l'Esglesia. Descendre à droite le cami del Canigó qui ramène au bistrot de pays.

Canal de Bohère. -BM-

LES BALCONS DE TAURINYA

TAURINYA ■ CODALET

14

Voir et Savoir

site minier « restauré » de Taurinya el Salver abbaye millénaire de Saint-Michel-de-Cuixà mémoires de Saint-Pierre-d'Orseolo et de Pau Casals ancienne tour à signaux de Cours.

À PROXIMITÉ : ★ massif du Canigó tout proche ancien village pastoral en ruines de Llasseras fortifications de Villefranche-de-Conflent.

Des hommes célèbres des festivals, aux travailleurs de l'ombre des galeries minières, ce chemin a rendez-vous avec l'histoire. Une cellule monastique millénaire entourée de vergers baignés par le canal de Bohère, côtoie l'industrie séculaire du fer engloutie par la châtaigneraie nourricière. C'est un bel itinéraire que domine le Canigó.

4 h 15 - 14 km
balisage*
dénivelée : 510 m
▼ 450 m ▲ 840 m
* Jaune D à 5 et 7 à 8, rouge et blanc de 5 à 7, jaune et rouge 8 à D

Splendeur d'une abbaye

En 878, une inondation de la Têt détruisit le monastère de Saint-André-d'Eixalada, les bénédictins se réfugièrent alors à Cuixà où ils construisirent une abbaye qui se développa rapidement sous la protection des comtes de Cerdagne-Conflent. Deux églises précédèrent l'église actuelle, dont le style préroman rappelle l'influence byzantine. Elle fut consacrée à Saint-Michel en 974 sous l'abbé Garin. La réputation de l'abbaye était telle qu'elle accueillit le doge de Venise (qui mourut à Cuixà en 988), Saint-Romuald ou encore Gerbert d'Aurillac, qui devint pape sous le nom de Sylvestre II. En 1008, Oliba - « père » de la Trève de Dieu - devint abbé de Cuixà. Dans l'abbaye, alors haut lieu de pèlerinage, il fit édifier la crypte et l'atrium ainsi que la chapelle de la Trinité. Dans l'église, il fit bâtir le déambulatoire, orna les murs de fresques et l'autel d'un ciborium de marbre. Enfin, il fit élever deux clochers de part et d'autre du transept. Même si tout n'est pas intact (des deux clochers, il ne reste que le clocher sud), ces réalisations illustrent magnifiquement le premier Art roman. Dans la première moitié du 12e, c'est ici que les premiers ateliers roussillonnais de sculpture monumentale romane virent le jour alors que l'abbé Grégoire faisait construire la tribune en marbre rose et le cloître, un chantier qui dura un siècle. Au 19e siècle, au lendemain de la Révolution, l'ensemble monumental du cloître est en ruine et la tribune détruite depuis longtemps. Un Américain rassemble de nombreux vestiges du cloître, ils sont toujours exposés au Métropolitan Museum of Art, à New-York.

-BM-

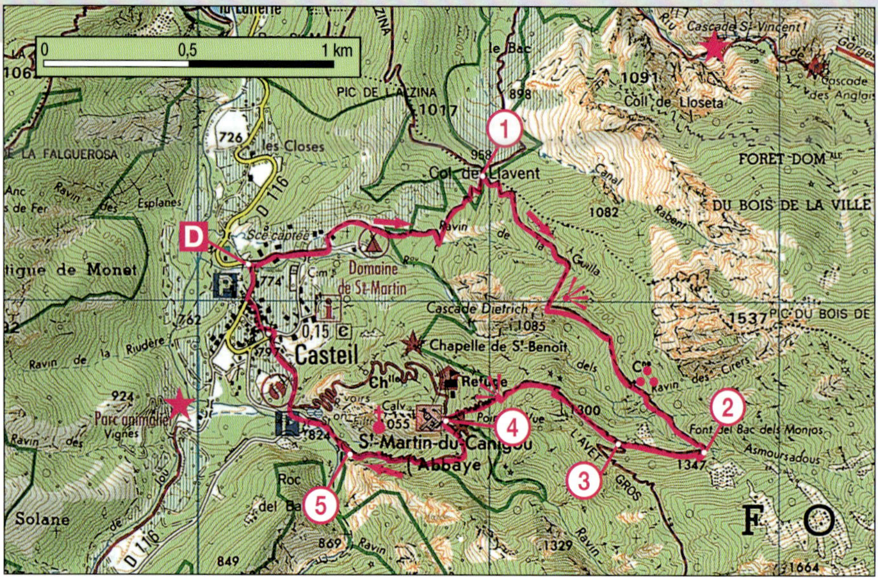

Stationnement : parking en bas et à l'entrée de Casteil.

Difficultés ou Conseils Pratiques : passages raides en montée et à la descente au niveau du ravin des Asmoursadous, avec main courante et câble tendu.

D Du parking, prendre à gauche la direction « Domaine Saint-Martin ». Monter tout droit sur 500 m en ignorant une rue à droite, et prendre à gauche un sentier. Tourner ensuite à droite et monter, au niveau d'un petit canal quitter le sentier principal et monter à droite un sentier en forêt le long d'un ravin asséché. À un carrefour monter à gauche par des lacets au col de Llavent.

Dans les gorges de la rivière de Cady et passerelle (ci-dessus). -BM-

1 Monter à droite (sud-est) en forêt de pins et de chênes verts, franchir un ravin à sec, continuer à monter vers le sud-ouest, puis en balcon et arriver à une brèche sur une crête. Descendre légèrement à gauche, le sentier passe un ravin à sec, monte raide, traverse une zone d'anciennes terrasses de culture de noisetiers **(orri)**, puis traverse un secteur boisé avec des éboulis et des blocs granitiques, pour arriver au profond ravin des Asmour-sadous.

2 Descendre 2 lacets raides (main courante), continuer dans les sapins rive gauche du ravin, puis filer presque à plat vers l'ouest pour arriver plus bas à un carrefour de sentiers.

3 Prendre à droite et descendre par une série de lacets ***(vue sur l'abbaye Saint-Martin-du-Canigó)*** jusqu'à rejoindre l'entrée de l'**abbaye (visite conseillée)**.

4 Descendre à gauche par des marches le sentier vers Casteil qui décrit de nombreux lacets dans la forêt. Arriver à une passerelle en bois, puis à une piste que l'on descend à droite, et atteindre une route.

5 La descendre à droite, pénétrer le village de Casteil. Devant la mairie, prendre à droite rue du Canigó puis à l'église, descendre à gauche la rue Carsalade du Pont. Au stop prendre à droite et retrouver le lieu de stationnement.

Refuge de la jasse des Cortalets. -NI-

SAINT-MARTIN DU CANIGÓ

CASTEIL

15

Du village de Casteil, fleuri de vergers, au pied de l'immense Canigó, c'est un vallon sauvage aux senteurs presque méditerranéennes qui nous conduit à l'abbaye millénaire de Saint-Martin-du-Canigó, une citadelle du vertige dominant les gorges du Cady.

2 h 30 - 6 km
balisage jaune
dénivelée : 565 m
▼ 774 m ▲ 1 310 m

Une abbaye abandonnée puis restaurée

Pour accéder à ce joyau, situé en plein cœur du massif du Canigó, une bonne demie-heure de marche est nécessaire. C'est dire combien l'abbaye de Saint-Martin, juchée sur son nid d'aigle, dominant la vallée et, au-delà, les turbulences de la civilisation, est retirée du monde. Cette abbaye fut fondée au 11e siècle par le comte de Cerdagne et Conflent, Guifred II, et son frère Oliba, célèbre abbé de Ripoll et de Cuixà. C'est précisément le 10 novembre 1009 que les deux églises de l'abbaye furent consacrées pour la première fois. Le clocher lombard, les chapiteaux de marbre, l'abbatiale et la crypte voûtée sont autant de chefs-d'œuvre du premier Art roman. Le cloître sculpté sera réalisé plus de cent ans après. Mais, en mille ans, les vicissitudes ont sensiblement modifié ce lieu magique et, si le promeneur découvre un site majestueux, il aura du mal à reconstituer l'abbaye des origines... En effet, les bénédictins occupent Saint-Martin jusqu'à la veille de la Révolution. En 1786, les cinq derniers moines quittent l'abbaye, celle-ci est alors officiellement fermée. Elle restera à l'état d'abandon le plus total pendant tout le 19e siècle, le cloître, entre autres, sera dévasté. Ce n'est qu'au début du 20e, que Mgr de Carsalade, évêque de Perpignan-Elne, rachète les ruines et entreprend une première vague de restauration (1902-1932). De nombreuses libertés architecturales sont prises, influencées par les idées romantiques héritées du 19e et la vision que l'évêque avait du Moyen Âge. Une deuxième campagne de restauration (1952-1982) se fera sous la conduite du Père Bernard de Chabannes. Depuis 1988, l'abbaye est confiée à la Communauté des Béatitudes.

VOIR ET SAVOIR

‡ abbaye de St-Martin ✿ vergers de pommiers • terrasses de culture d'altitude ★ parc animalier ♣ variété forestière du massif du Canigó Grand Site.
À PROXIMITÉ : ★ gorges et cascade de Cady • cascade Dietrich • site de Mariailles (refuge gardé).

Abbaye de Saint-Martin-du-Canigó. -BM-

Caractérisé par une grande diversité de milieux naturels répartis sur un territoire restreint, le département des Pyrénées-Orientales possède onze Réserves naturelles couvrant 16 844 ha. Six de ses Réserves se trouvent à l'intérieur du Parc Naturel Régional des Pyrénées catalanes.

SUR LA CÔTE ROCHEUSE

• Réserve marine de Cerbère-Banyuls

La première réserve exclusivement marine de France propose un sentier sous-marin ouvert en juillet et août.

• Réserve de la forêt de la Massane *:* (336 ha) : aussi appelée « *forêt des Couloumates* », elle abrite de nombreux hêtres et chênes blancs, dont certains ont plus de 300 ans. Cette forêt non exploitée présente une riche biodiversité sur les arbres morts et vivants (champignons, moisissures, protozoaires, microfaune…).

SUR LA CÔTE SABLONNEUSE

• Réserve du Mas Larrieu *:*

(145 ha) : elle constitue une zone de contact entre la terre et la mer, entre l'eau douce et l'eau salée.

Cinq milieux caractéristiques du climat sub-humide méditerranéen s'y côtoient : le cordon dunaire, les zones humides, les espaces boisés en bordure de rivière, des prairies naturelles et des zones cultivées. Cette imbrication permet le développement d'une flore rare et endémique, et d'une faune très diversifiée. Le cordon dunaire est malheureusement soumis à une double agression : l'érosion provoquée par les coups de mer et les tempêtes, et la surfréquentation estivale.

• L'étang de Canet :

(1 002 ha) : ce site protégé est un lieu de prédilection pour les flamants roses. Territoire classé Natura 2000, il accueille plus de 230 espèces d'oiseaux. Son importance dépasse les frontières, puisqu'il se trouve sur l'axe migratoire Afrique - Europe. Le village de pêcheurs, réhabilité en 1993, accueille de nombreux visiteurs, de même que le sentier de découverte, aménagé le long des rives de l'étang.

Chouette de Tengmalm. -MD-

AUTOUR DU CANIGÓ

• Site classé du massif du Canigó : deux projets de réserve sont en cours de création par l'ONF afin de préserver la richesse des milieux naturels et la biodiversité du massif du Canigó, tant au niveau de la faune (isard, grand tétras, lagopède, desman des Pyrénées…) que de la flore.

Le vaillant pic noir s'annonce par un puissant krru-krru... -NG-

EN HAUT-VALLESPIR

• Réserve de Prats-de-Mollo-La-Preste

(2 394 ha) : bénéficiant d'une forte pluviosité, elle présente des milieux caractéristiques des étages subalpin et alpin. Les mammifères comme l'isard, le chat sauvage et l'hermine y côtoient amphibiens et reptiles ainsi que de nombreux oiseaux. Des espèces rarissimes comme le papillon Isabelle et le scorpion aveugle constituent le fleuron de la Réserve.

EN HAUT-CONFLENT

• Réserve de Py
(3 930 ha) : située sur le flanc nord-est du Canigó, cette forêt abrite le grand tétras, la chouette de Tengmalm ou le pic noir. A travers le milieu forestier, des sentiers permettent la découverte du site. Le centre d'accueil « Les Isards » expose les enjeux écologiques.

• Réserve de Mantet
(3 028 ha) : elle s'étend autour de la vallée de l'Alemany, caractéristique des anciennes vallées glaciaires. L'opposition des versants est particulièrement nette, avec la forêt de pins à crochets en versant nord et des milieux ouverts ou semi-ouverts (prairies, landes) en versant sud. L'activité pastorale y est encore très présente.

•Réserve de Nohèdes
(2 137 ha) : située dans le massif du Madres-Coronat, elle est caractérisée par la diversité des milieux, des influences climatiques (méditerranéenne et atlantique) et de la géologie (calcaire, schiste, granite). Cela explique sa richesse en espèces végétales endémiques. On y trouve des plantes uniques au monde comme l'alysson des Pyrénées et plus de 40 espèces d'orchidées.

Grand tétras mâle en parade nuptiale. -CP-

• Réserve de Conat
(549 ha) : cette réserve, essentiellement forestière, s'échelonne, en abrupte, de 700 à 1 680 m sur le versant nord du massif du Madres. L'essence dominante est le pin sylvestre. Le rare scorpion aveugle y a été découvert.

• Réserve régionale de Nyer et Réserve de Jujols
voir pages 84 à 87.

EN CERDAGNE ET CAPCIR

• Réserve de la vallée d'Eyne (voir page 100).

• Site classé des lacs des Bouillouses (voir page 109).

Hermine. -NG-

Lézard. -MD-

PLUS D'INFORMATIONS : www.catalanes.reserves-naturelles.org

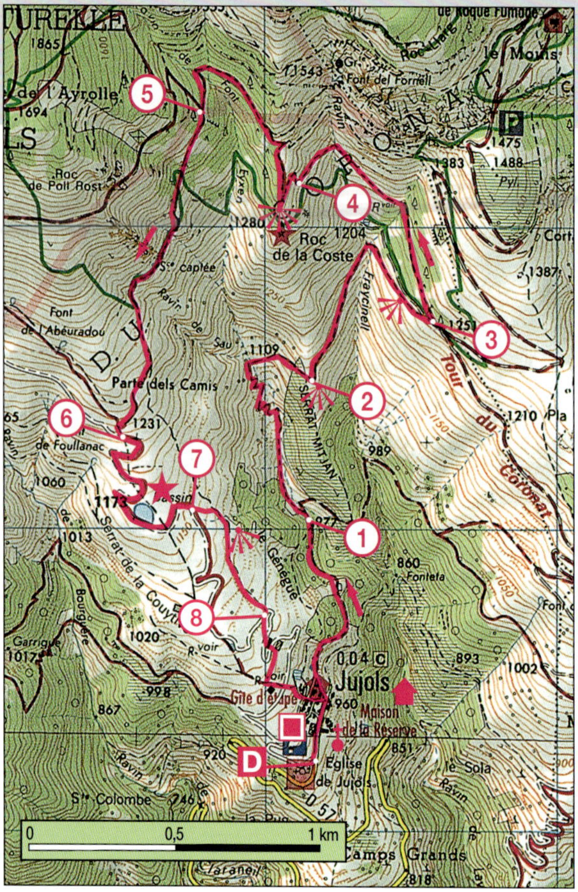

Accès au Départ : sur la N116 à l'aval d'Olette, monter par la D57 vers Jujols.

Stationnement : parking au-dessus de l'église de Jujols.

Difficultés ou Conseils Pratiques : prévoir de l'eau.

D Du parking de l' **église**, redescendre, passer devant la **maison de la Réserve naturelle**, dans le village délaisser un chemin pavé à gauche puis une route à droite. Sur une place à hauteur d'un gîte, monter une ruelle pavée à gauche et prendre à droite, descendre et sortir du hameau en passant devant la **fontaine et l'oratoire Ste-Famille**, ***vue sur Prades et massif du Canigó***). Passer au-dessus d'une bergerie.

1 À une fourche dans le fond du vallon, monter à gauche le sentier en lacets. Délaisser un sentier montant à gauche, 20 m après, franchir un vallon et continuer par le sentier de droite aménagé avec des marches.

2 Passer la croupe ***(vue sur massif du Canigó, pic de tres Estelles, la haute vallée de la Têt)***, prolonger par un sentier à flanc, en bout franchir le ravin de Fraycinell et atteindre un chemin perpendiculaire. Le suivre à droite ***(vue sur Jujols et la vallée de la Têt)*** sur 100 m.

3 10 m avant une piste monter par un sentier à gauche. Après un passage en sous-bois puis en terrain dégagé sous un escarpement rocheux, franchir un ruisseau et continuer par la gauche.

4 À une patte-d'oie **AR 8 mn vers le roc de la Coste** ***(vue sur Jujols, le Canigó, Tres Estelles)***, au retour poursuivre à gauche et s'élever par des virages, à hauteur d'un panneau de signalétique poursuivre en face en direction du circuit de la réserve, pénétrer dans cette dernière dans le sous-bois, franchir le ravin de Font Eyxen.

5 Au croisement continuer en face, descendre par des virages, passer à côté d'un réservoir d'eau et continuer en zone herbeuse À une fourche continuer à gauche en direction d'un bassin en eau, et rejoindre une large piste.

6 La suivre en descente à gauche, longer le bassin d'eau et continuer la piste.

7 Dans un virage à droite quitter la piste et descendre un sentier à gauche ***(vue sur Prades et le Canigó)***.

8 Couper par deux fois la piste, à hauteur d'une maison prolonger le sentier herbeux en face, gagner la piste et la suivre à droite en descente. Après un chemin menant à une maison, descendre un sentier, dans Jujols **(fontaine)** suivre la route à droite, descendre une ruelle pavée, et à la cabine téléphonique prendre à droite pour revenir vers le départ.

Église romane Saint-Julien-de-Jujols. -NI-

LA RÉSERVE DE JUJOLS

JUJOLS

-NI-

Depuis la belle église romane surmontée d'un clocher-mur, le circuit s'élève dans un environnement où se côtoient le chêne vert, le cèdre ou le pin sylvestre. Depuis le chemin, les vues rendent très présent le massif du Canigó.

2 h 50 - 8,5 km
balisage jaune
dénivelée : 540 m
▼ 950 m ▲ 1 365 m

La réserve et le pastoralisme

Créée en 1986, cette petite réserve (472 ha) culmine au mont Coronat à 2 172 mètres. Les falaises calcaires qui s'étendent sur le versant sud du Madres-Coronat, constituent un vaste réservoir de chaleur, créant des conditions favorables à la grassette insectivore dans les zones humides ou aux végétaux méditerranéens, généralement absents à ces altitudes : chênes verts, thyms, lavande... La faune y est également remarquable et d'une grande diversité. Six itinéraires de découverte permettent d'appréhender le site dont un adapté au public non-voyant. La richesse floristique de la Réserve est le résultat de plusieurs facteurs : les influences climatiques, la diversité des milieux naturels (falaises, forêts, landes, pelouses...) mais aussi les activités pastorales passées et présentes. Celles-ci ont fortement influencé les paysages actuels. Le pastoralisme, d'abord intense, puis en forte régression, a façonné la soulane, c'est-à-dire le versant exposé au soleil. En témoignent les nombreuses constructions en pierres sèches : bergeries, enclos, (sans oublier les canaux d'irrigation et les terrasses de culture). Ce pastoralisme maintient les pelouses et les clairières nécessaires à la survie d'espèces végétales et animales liées aux milieux ouverts.

Réserve naturelle de Jujols et Maison de la Réserve : 04 68 97 18 71

Voir et Savoir

† église du 12e siècle Saint-Julien-et-Sainte-Baselisse ⌂ maison de la réserve naturelle ▣ † fontaine et oratoire Sainte-Famille.

À PROXIMITÉ : ⌂ à Olette siège de la maison du PNR Pyrénées catalanes ♜ villes fortifiées de Villefranche-de-Conflent et de Mont-Louis.

Bassin de retenue d'eau après 6. -NI-

Fleur de lin, joubarbe et fruits du cèdre. -NI-

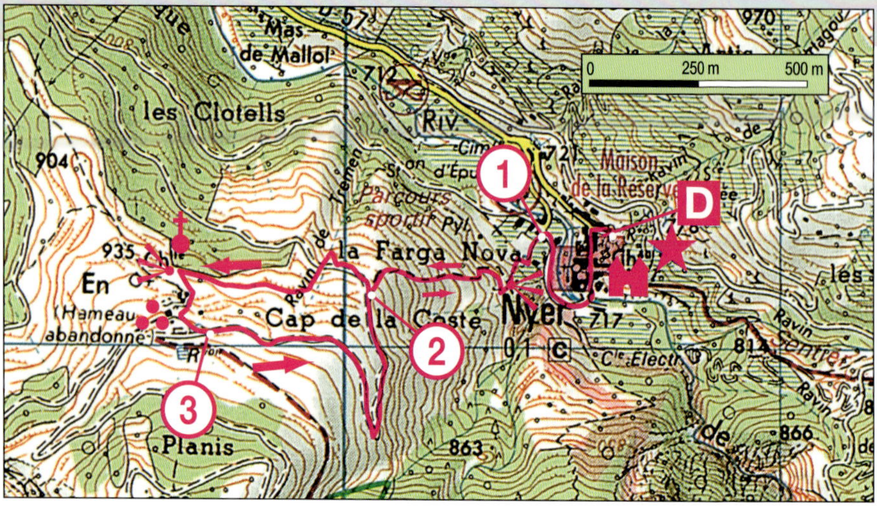

Accès au départ : en amont d'Olette sur la N116 descendre la D57 vers Nyer
Stationnement : à proximité de la maison de la Réserve..
Difficultés ou conseils pratiques : ne pas pénétrer dans les maisons en ruine d'En.

Le village de Nyer. -NI-

Le château de Nyer. -NI-

D Depuis la **maison de la Réserve**, descendre la rue, tourner à gauche dans Nyer, place de la Fontaine descendre en face rue du Mantet, traverser le pont et continuer à droite rue de la Bague.

1 Place de la Résistance prendre à gauche le cami d'En, s'élever entre murets par des lacets ***(vue sur Nyer)***.

2 Emprunter la large piste à droite, et 50 m après la sortie du virage emprunter un sentier à gauche. Le suivre en face en délaissant des sentiers à gauche, longer un mur, puis gagner le **hameau ruiné d'En**. Traverser par la droite le hameau pour rejoindre l'**église**, ***vue sur la vallée de la Têt et sur Olette***, revenir dans le village (**fontaine et lavoir**) et rejoindre une large piste.

3 La suivre à gauche jusqu'au point 2, puis descendre à droite le sentier et revenir au départ en sens inverse.

Lavande. -NI-

LE VILLAGE ABANDONNÉ

Au départ de la maison de la Réserve de Nyer, l'itinéraire descend la rivière de Mantet et remonte par un sentier qui mène au village perché d'En. Les ruines des maisons sont aussi émouvantes qu'est belle la chapelle romane à l'écart du hameau.

1 h 45 - 4,5 km	
balisage jaune	
dénivelée : 250 m	
▼ 717 m	▲ 935 m

Ruisseau dans le village de Nyer. -NI-

La réserve de Nyer

Créée en 1998 à l'initiative du Conseil Général des Pyrénées-Orientales, la Réserve de Nyer s'étend sur près de 2265 hectares, entre 720 m et 2663 m d'altitude. Elle offre des paysages mystérieux, des gorges de Nyer aux sommets vertigineux du pic de Serra Gallina et du Tres Estelles. Située sur la basse vallée de Mantet et le versant est de la vallée de la Carança, l'entrée nord de la Réserve est caractérisée par des gorges étroites spectaculaires.

Dans ce monde peuplé d'isards, de chats sauvages, de chevreuils, d'hermines... la vie des rapaces (aigle royal, gypaete barbu...) est favorisée par l'abondance des falaises. Les passereaux, tels le merle bleu ou l'alouette lulu, ne se privent pas de fréquenter, eux aussi, le territoire de la Réserve.

Avec une flore riche de plus de 800 espèces dont certaines sont protégées, la Réserve a une mission d'éducation et de sensibilisation à l'environnement et joue un rôle de protection, de conservation et de gestion du milieu naturel. C'est l'un de ses objectifs majeurs. Sa réglementation a été établie en fonction des éléments naturels à protéger, avec la participation des différents utilisateurs du site (chasseurs, éleveurs, commune).

La maison de la Réserve naturelle régionale de Nyer est un site labellisé « Tourisme et Handicap ». Elle abrite une colonie de petits rhinolophes, sujet d'une exposition permanente sur les chauves-souris.

Petits rhinolophes - RNR de Nyer-

Réserve naturelle régionale de Nyer : 04 68 97 05 56

VOIR ET SAVOIR

M en D maison de la Réserve naturelle régionale à Nyer château fin du 15e, restauré au 19e siècle ★ en 3 village ruiné d'En église romane du 12e siècle dédiée à Saint-Just et Saint-Pasteur.

À PROXIMITÉ : M maison du PNR Pyrénées Catalanes à Olette ★ Train Jaune dans la vallée de la Têt.

La chapelle romane d'En. -NI-

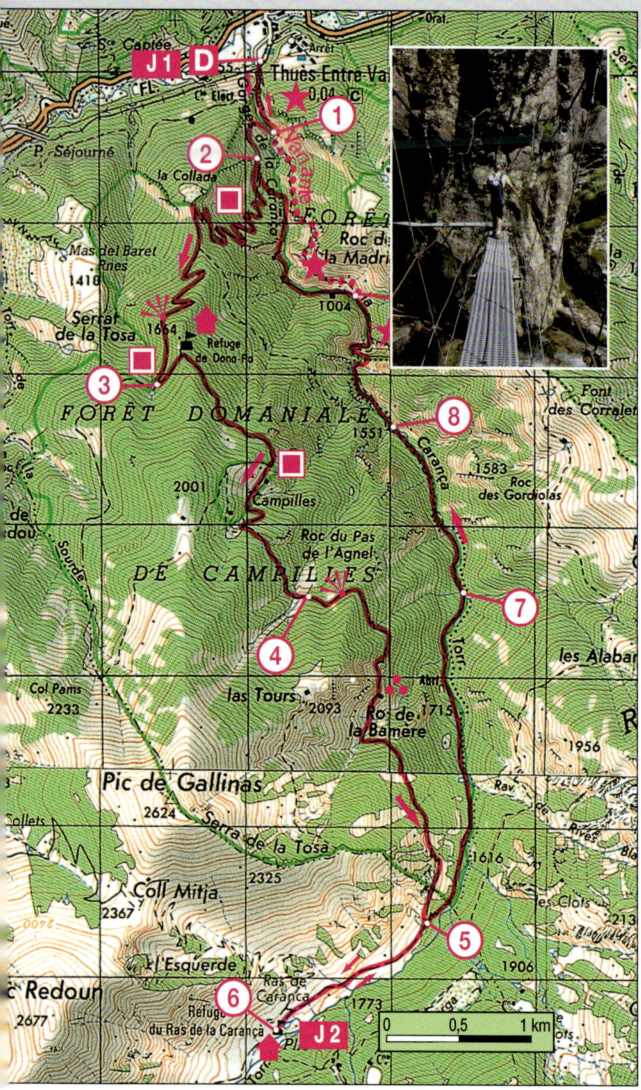

Pont de singe dans les gorges de la Carança. -NI-

Accès au Départ : à Thuès-Entre-Valls suivre la direction Gorges de la Carança, puis parking.

Stationnement : parking obligatoire, payant.

Difficultés ou Conseils Pratiques : cet itinéraire étant long avec une dénivelée assez importante, nous le proposons sur deux jours. J1 avec la montée jusqu'au refuge du Ras de la Carança et la nuitée. J2 comprend la descente par les gorges de la Carança.

JOUR 1

D Du parking ne pas traverser la passerelle et suivre direction la Carança par roc Madrieu ou corniche, en bout passer sous le pont de la voie ferrée et continuer le long du ruisseau sur 500 m.

1 Franchir la passerelle à droite vers Dona-Pa, s'élever au-dessus des gorges.

2 À la jonction avec un chemin, délaisser le chemin de droite et prendre à gauche, après 20 m à la fourche monter le sentier à droite vers Dona-Pa. S'élever par de nombreux lacets sur ce chemin en sous-bois **(four à charbon de bois, *vue sur la vallée de la Têt et le pont Gisclard*)**.

3 Au croisement en T **(source à droite)** prendre à gauche vers Dona-Pa, peu après à la fourche délaisser le sentier de gauche **(accès au ref Dona-Pa)** et poursuivre à droite. Cheminer à niveau, passer un premier orri puis un deuxième, sous une barre rocheuse franchir un ruisselet et monter en virage.

4 Passer un ruisselet, remonter, traverser un pierrier ***(vue vers les Réserves naturelles de Nohèdes et de Conat)*** puis sous des barres rocheuses **(ruine d'orri)**. Continuer en forêt, franchir un portillon dans un pierrier, descendre et rejoindre un carrefour.

5 Prendre à droite vers le **refuge du Ras**, longer le ruisseau et atteindre l'hébergement.

JOUR 2

6 Du refuge revenir en 5 et continuer en face dans les **gorges de la Carança**. Le sentier descend en bordure du torrent.

7 Franchir des échelles, passer les **ruines d'un orri**, descendre.

8 Traverser un pont de pierres puis un chaos rocheux, franchir le torrent sur un pont suspendu et descendre à gauche, puis une autre passerelle et descendre à droite. Franchir plusieurs autres passages aménagés.

9 Au niveau d'une prise d'eau monter une échelle à gauche, continuer le sentier qui surplombe les gorges, puis revenir au carrefour du point 2. Délaisser un premier sentier à gauche puis, après 20 m, un deuxième et descendre à droite, franchir le pont et prendre à gauche pour revenir au départ.

Variante : entre 9 et 1 par un sentier plus technique.

Les gorges de la Carança peuvent présenter des difficultés pour les personnes sujettes au vertige par le fait de franchissements de la rivière ou de rocher, équipés d'échelles et de passerelles métalliques. Les chiens sont donc fortement déconseillés.

LES GORGES DE LA CARANÇA

THUÈS-ENTRE-VALLS ■ FONTPÉDROUSE

18

VOIR ET SAVOIR

★ gorges de la Carança • Orris refuge du Ras.
À PROXIMITÉ : Bains chauds thermaux de Saint-Thomas [M] maison du PNR Pyrénées Catalanes à Olette.

De la vallée de la Têt, le sentier prend rapidement de l'altitude dans la forêt domaniale de Campilles et la traverse jusqu'à rejoindre le refuge du ras de la Carança. Après une nuit de repos, le retour par les gorges, fera monter notre adrénaline dans le franchissement de passerelle, pont suspendu, échelle, et chemin creusé dans la paroi. Émotions garanties !

(J1) 5 h 00 - (J2) 3 h 00
balisage jaune sur des tronçons, Cairns
(J1) 12 km - (J2) 8 km
dénivelée : J1 : + 1290 m - 280 m
J2 : + 5 m - 950 m
▼ 860 m ▲ 1 831 m

Sentier creusé dans la falaise entre 8 et 2. -NI

Une vallée sanctuaire

La Carança est certainement une des rares vallées des Pyrénées à ne pas encore avoir été touchée par des infrastructures modernes, hormis dans les gorges, avec la prise d'eau de l'usine électrique. Avec plus de 15 kilomètres de long, 7 à 9 h de marche pour la remonter, la Carança, entièrement encadrée jusqu'à son débouché dans la vallée de la Têt par de hautes crêtes, est un fantastique conservatoire à ciel ouvert de tout ce que peuvent offrir les Pyrénées Catalanes en terme de nature.

Majestueuse et profonde dans la partie inférieure, quasiment fermée en aval par des gorges impressionnantes, la Carança s'élargit dans sa partie supérieure en quatre vallées glaciaires parsemées de lacs d'altitude. Étages de végétation et flore déroulent leur diversité sur 2100 m de dénivelée tandis que l'on y retrouve la totalité de la faune pyrénéenne, circaètes et gypaètes compris.

L'homme a longtemps exploité la vallée : estives d'altitude, mines de fer, coupes de bois dont certaines au début du 20e siècle furent débardées par flottage dans un canal dont on retrouve les traces en amont des gorges ; ces dernières étaient franchies par un cuvelage en bois accroché à la paroi en dessus de la rivière. L'itinéraire proposé, qui parcours la partie inférieure de la vallée, suit à la montée *le Cami Ramader* (ramat = troupeau) : chemin des estives jalonné d'orris et d'enclos.

Le retour s'effectue le long de la rivière qui héberge le desman, et une souche de truite fario encore intacte pour terminer par la traversée des gorges, d'abord par des passerelles suspendues, puis par un sentier en encorbellement particulièrement aérien.

Rocher expressif. -NI-

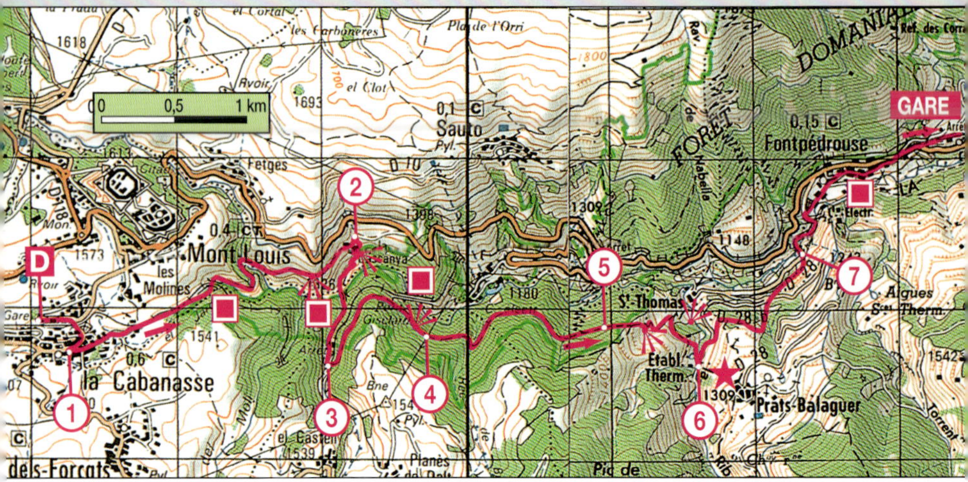

ACCÈS AU DÉPART : se rendre en voiture à la gare de Fontpédrouse et prendre le Train Jaune jusqu'à la gare de la Cabanasse, Mont-Louis.
STATIONNEMENT : devant la gare de Fontpédrouse.
DIFFICULTÉS OU CONSEILS PRATIQUES : Prudence sur la N116 avant l'arrivée à Fontpédrouse.

D Sortir de la gare de la Cabanasse et prendre à droite, passer sous le pont en direction de la Cabanasse, après le cimetière poursuivre à droite.

1 À hauteur d'une **fontaine** virer à gauche sur la rue Gisclard, continuer en face en suivant la direction « *randonnée du Train Jaune* », ne pas traverser les rails et descendre sur un chemin vers la Cassagne. Passer sous un **viaduc**, poursuivre en descente, franchir la Têt sur une passerelle et continuer en montée ***(vue sur les gorges et le pont Gisclard)***, rejoindre le hameau de la Cassanya et le traverser par la droite.

2 À la sortie, dans un virage, quitter le chemin et prendre un sentier à droite qui descend rapidement par des lacets ***vue sur le pont Gisclard***. Traverser la Têt sur un **pont en pierre** et suivre le chemin de droite en remontant un ruisseau, retrouver la voie ferrée.

3 Passer sous le pont et après 30 m quitter le chemin pour monter un sentier à gauche en surplomb de la voie ferrée. Dans le sous-bois passer tout près du **pont Gisclard**.

4 Délaisser un sentier montant de gauche et prolonger en face, dans un virage franchir un ruisseau et continuer à niveau. Plus loin délaisser un sentier à gauche, vers un sentier parallèle suivre le chemin du haut.

5 Au carrefour descendre à gauche, sortir du bois ***(vue sur Prats Balaguer, et Fontpédrouse)*** et descendre par des lacets jusqu'à la **station thermale** de **Saint-Thomas**.

6 Emprunter la route à gauche entre les bâtiments, au parking monter à droite vers une barrière puis à gauche par des escaliers et poursuivre sur un sentier. Délaisser un sentier descendant à gauche, pénétrer dans le bois au carrefour suivant continuer en descente à gauche, traverser un ruisseau, couper la route et prolonger le chemin en face.

7 Retrouver la route et la suivre en franchissant le pont, au croisement continuer vers Fontpédrouse. Passer devant **le lavoir**, délaisser le chemin du camping et poursuivre toujours en face rue de Saint-Thomas. Suivre la N 116 en descente, délaisser la première route à gauche et suivre la seconde pour rejoindre la gare.

VOIR ET SAVOIR

■ viaduc en pierre (1 à 2) • pont en pierre (2 à 3) • pont Gisclard construit en 1909 (avant 4) • panneaux d'informations sur les arbres de la forêt domaniale de Fontpédrouse (3 à 5) thermes de St-Thomas (en 6).
À PROXIMITÉ : fortification Vauban à Mont-Louis ★ gorges de la Carança.

Le Train Jaune. -NI-

Voilà un itinéraire qui offre une découverte intéressante de la vallée de la Têt et de cette remarquable voie ferrée du train jaune. D'abord on remonte la vallée dans le train puis la descente par le chemin de randonnée vient côtoyer le superbe viaduc suspendu du pont Gisclard.

3 h 15 - 10,5 km

balisage jaune et panneau *«Randonnée du Train Jaune»*

dénivelée : 240 m

▼ 1 026 m ▲ 1 510 m

Un train unique

Long de 63 km, le Train Jaune dessert vingt-deux gares, dont certaines à la demande des passagers. Il passe par la plus haute gare de France et finit dans l'immense terminus de Latour-de-Carol Enveitg.

Grimpant dans la montagne, accroché à flanc de corniche, il déroule des paysages somptueux et reste une aventure à part entière.

Sa construction débute en 1903, par le tronçon Villefranche-de-Conflent – Mont-Louis, qui ouvre en 1910 avec pour mission de désenclaver les hauts plateaux catalans. En 1911, la liaison est poursuivie jusqu'à Bourg-Madame et, en 1927, jusqu'à Latour-de-Carol, son terminus où trois types de voies aux différents gabarits convergent : celle du Train Jaune, la liaison vers Toulouse et Paris et la voie du Transpyrénéen vers Barcelone.

Pour faire face aux nombreux obstacles géographiques, plus de 650 ouvrages d'art ont été édifiés dont le viaduc Séjourné et le pont Gisclard. On compte plus de 390 courbes et, desservant Bolquère, à 1 593 m d'altitude, il a une déclivité record d'environ 6 %. Ainsi, le plus haut chemin de fer à voie métrique de France circule à une vitesse moyenne de 30 km/h avec des pointes à 55.

Aujourd'hui, ce TER, modernisé, roule quelles que soient les conditions climatiques et toujours grâce à son système de traction électrique : une alimentation assurée par un troisième rail et produite par le barrage des Bouillouses et l'usine hydroélectrique de La Cassagne. Ces deux ouvrages ayant été mis en service dès 1910 pour l'électrification du Train Jaune qui a désormais un statut de train à énergie verte.

Les bains d'eaux chaudes de Saint-Thomas. -NI-

LE PONT GISCLARD. Situé entre la gare de Sauto et la gare de Planès, le dernier pont ferroviaire suspendu encore en service en France est long de 253 m et a une portée de 156 m avec un pylône en acier haut de 62 m. En octobre 1909, au cours d'essais, un accident coûta la vie à 6 personnes dont Albert Gisclard, son concepteur ; cela n'empêcha ni son inauguration en 1910, ni, cent ans après, d'être toujours en service.

Viaduc ferroviaire entre 1 et 2. -NI-

Pont Gisclard, après le point 2. -NI-

À la suite du traité des Pyrénées, face aux résistances locales et aux menaces extérieures, Louis XIV se décide à doter le Roussillon d'un système défensif sans faille qui reposera essentiellement sur les principes de fortification chers à Vauban.

Le fort Libéria à Villefranche-de-Conflent.-NI-

Les forteresses de Villefranche-de-Conflent et de Mont-Louis sont, depuis 2008, inscrites au Patrimoine mondial de l'Unesco, avec dix autres sites érigés en France par Vauban.

1659, de nouvelles frontières...

Jusqu'en 1659, c'était les Corbières qui marquaient la frontière entre les royaumes de France et d'Espagne. À partir de la signature du traité des Pyrénées, quand les comtés nord catalans tombent dans le giron du roi de France, la ligne de démarcation se déplace sur les Pyrénées, mais le Roussillon et les comtés alentours restent délaissés par le pouvoir central. Il faut attendre 1669 et la révolte des Angelets, contre l'instauration de la gabelle, pour que Louis XIV mesure la menace qui plane sur ses nouvelles terres, toujours convoitées par les Espagnols qui harcèlent les villages du Vallespir et du Conflent.

En aucun cas il ne veut les perdre et, comprenant l'importance de contrôler Vallespir, Conflent et Roussillon, il commence à mettre en place leurs défenses... avec l'incontournable Sébastien Le Prestre, marquis de Vauban. Ce personnage aux multiples facettes était à la fois concepteur, bâtisseur et urbaniste et avait un goût prononcé pour l'économie et le social. Il observa la vie des paysans dont il consigna les remarques dans ses « Oisivetés ».

Les fortifications de Mont-Louis. -NI-

La citadelle militaire n'est pas ouverte au public, mais la cité de Mont-Louis doit être visitée pour son charme intact et sa très belle église 17e. -NI-

Les trois voyages de Vauban

Le 7 mars 1669,Vauban arrive à Perpignan, découvre la côte et Port-Vendres. Il dirige les premiers chantiers militaires de défense active à Collioure, Bellegarde et Villefranche-de-Conflent.

En Vallespir, suite à la révolte des Angelets, il bâtit le fort d'Els Banys, à Arles-sur-Tech. La protection de la province catalane commence à être solide, mais ne s'arrête pas là. Le 17 mars 1679, lors de son deuxième voyage, il fait relever les murailles de Prats-de-Mollo, entourer Bellegarde d'une double enceinte et améliore les défenses des forts de Port-Vendres et Collioure. Pour cette dernière il ne fera que quelques aménagements... mais modifiera sensiblement la physionomie de la ville. Afin d'enrayer toute vélléité d'entrer en Cerdagne à partir du col de la Perche, il conçoit ce qui sera Mont-Louis. En 1680, pour son troisième voyage, il revient à Mont-Louis accompagné de Louvois.

Forteresses imprenables

L'activité des chantiers Vauban est intense jusqu'en 1686. Ensuite, certains travaux se poursuivent, d'autres ne seront jamais finis. Enfin, des projets ne voient même pas le jour. Au total, le Roussillon est défendu par six forts construits ou réaménagés parVauban. Quand Louis XIV envahit la Catalogne sud, il est parfaitement appuyé sur ses arrières. Et si Bellegarde, Prats-de-Mollo, Els Banys furent un temps investies, cela ne dura guère et seulement au prix de lourdes pertes pour l'ennemi. Si Mont-Louis et Villefranche-de-Conflent constituent les fleurons de l'œuvre "vaubanesque", il ne faut pas oublier qu'à Perpignan, l'architecte militaire lança un vaste programme pour défendre la ville en modernisant la place forte et en renforçant les fortifications existantes.

MONT-LOUIS, DE VAUBAN AUX COMMANDOS

-NI-

Mont-Louis est la forteresse la plus élevée de France. Elle a été créée "ex-nihilo" parVauban et illustre parfaitement son architecture stratégique. Les bastions et les demi-lunes sont autant de ramifications pour briser toute attaque. Les remparts pleins font plusieurs mètres d'épaisseur et sont constitués d'un double parement de pierres, avec remblais intérieurs. L'entrée dans la cité se fait par une série de cinq portes, herses ou pont-levis et un tunnel. La fortification entièrement close oblige les Mont-Louisiens à entrer par une entrée unique, la Porte de France. Une seconde porte, côté nord, est réservée exclusivement à la citadelle militaire qui abrite désormais le Centre National d'Entraînement Commando (CNEC), une véritable Académie militaire où viennent se former les moniteurs et instructeurs de l'armée dans des conditions de terrain extrêmes.

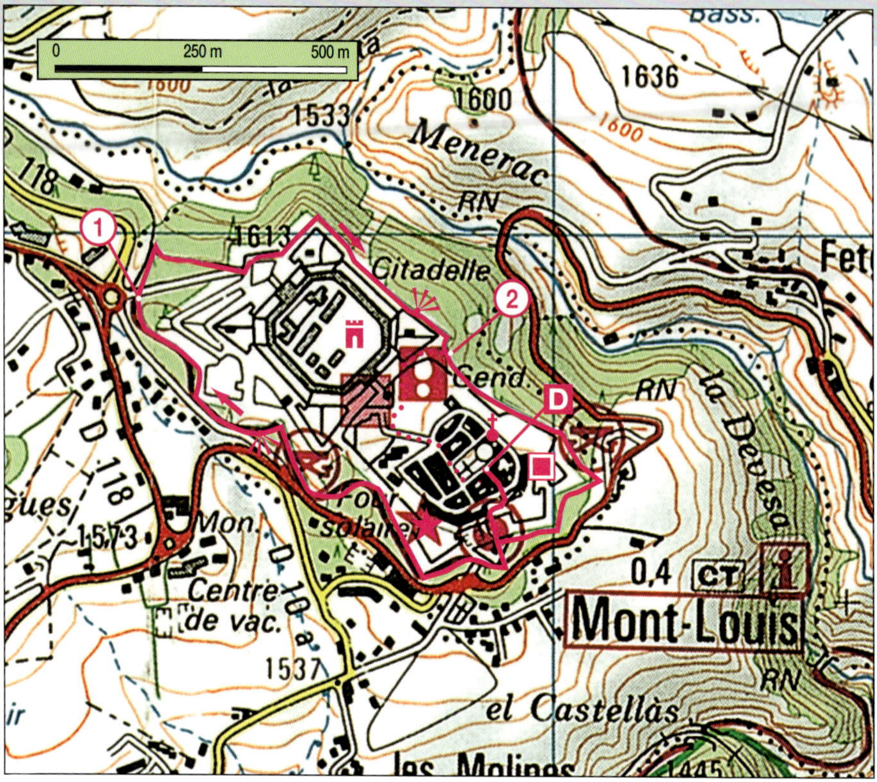

Vue depuis le sentier entre D et 1. -NI-

Stationnement : parking à l'intérieur de la cité de Mont-Louis ou à l'extérieur.

D En sortant de l'office de tourisme descendre à gauche, passer sous la porte de France, franchir un premier pont, passer sous la porte d'entrée de la cité et franchir le deuxième pont. Continuer à droite sur un sentier, entre la route et les **fortifications** ***(vue sur le four solaire)***, au carrefour de chemins poursuivre en face le balisage jaune, peu après on pénètre en terrain militaire en suivant un balisage rouge et noir ***(vue sur les environs de Mont-Louis et les sommets)***.

1 Au croisement routier descendre en face, après un bâtiment tourner à droite sur le chemin Vauban, longer les remparts, délaisser deux chemins à droite puis virer à droite le long d'un muret. Longer les installations d'un **parcours d'audace**, ***vue vers la Llagone***, en bout tourner à droite.

2 Ne pas franchir la porte des vaches et continuer le sentier **(échauguette)** qui coupe une route puis longe la route principale pour retrouver l'entrée de Mont-Louis.

Variante : en 2 franchir la porte des vaches et de suite virer à droite **(échauguette et meurtrières)**, à la porte d'entrée de la citadelle prendre à gauche et descendre dans Mont-Louis vers l'office de tourisme.

LA CITADELLE DE MONT-LOUIS

MONT-LOUIS

20

Un pionnier, deux fours, une centrale

Cette petite promenade autour de Mont-Louis nous fait découvrir les fortifications édifiées par Vauban en 1679. La citadelle reste imprenable sauf pour les stagiaires du Centre national commando des cadres de l'armée française qu'on peut voir s'entraîner sur les remparts de la cité.

0 h 45 - 2,5 km
balisage jaune puis rouge et noir
Altitude : 1 600 m
dénivelée : négligeable

Un des éléments de la centrale solaire Thémis , située à Targasonne à 15 km de Mont-Louis. -NI-

Avec près de 300 jours d'ensoleillement par an, soit plus de 2400 h en lumière directe, et la pureté de l'atmosphère, pas étonnant que l'ingénieur **Félix Trombe** (1906-1985), ait choisi les Pyrénées catalanes pour y développer ses recherches sur la concentration du soleil.

C'est à **Mont-Louis** à partir de 1947 qu'il construira le premier four solaire à double réflexion au monde.

Aujourd'hui les installations de ce premier équipement se visitent. Des applications scientifiques simples sont présentées pour le bonheur des petits et des grands.

Quelques années après, sur le modèle du four de Mont-Louis, Félix Trombe et son équipe en collaboration avec le CNRS se lancèrent dans la construction industrielle du Grand Four Solaire d'**Odeillo**. La mise en service de celui-ci date de 1970. Le principe utilisé est celui de la concentration des rayons du soleil par des miroirs réfléchissants. Au final par un jeu de convergences, le four libère une concentration d'énergie équivalente à « 10000 soleils ». La conversion de l'énergie solaire en électricité était désormais envisageable, le temps de l'expérimentation d'une centrale solaire thermique était venu. Le projet prendra forme à Targasonne, à quelques kilomètres d'Odeillo.

La centrale solaire de **Thémis** sera inaugurée en 1983, elle sera rapidement opérationnelle et emploiera une cinquantaine de personnes jusqu'au désengagement progressif d'EDF. Entre 2004 et 2007 Thémis sera fermée. Il faudra le soutien du Conseil Général des Pyrénées-Orientales pour réhabiliter le site. Aujourd'hui Thémis est une centrale solaire en activité. Elle répond à un triple objectif :

- Production d'électricité
- Recherche et développement dans le domaine de l'énergie solaire
- Développement économique par le tourisme industriel.

Échauguette à Mont-Louis. -NI-

Thémis est ouverte au public entre juin et septembre. Visite gratuite.

VOIR ET SAVOIR

four solaire • fort Liberia ★ Parcours d'audace • église Saint-Jacques à Villefranche • trésors de l'église Sainte-Marie à Corneilla • tour et cour du château à Coreneilla.

À PROXIMITÉ : four solaire d'Odeillo • centrale solaire Thémis ★ lacs des Bouillouses et de Matemale • gorges de la Carança.

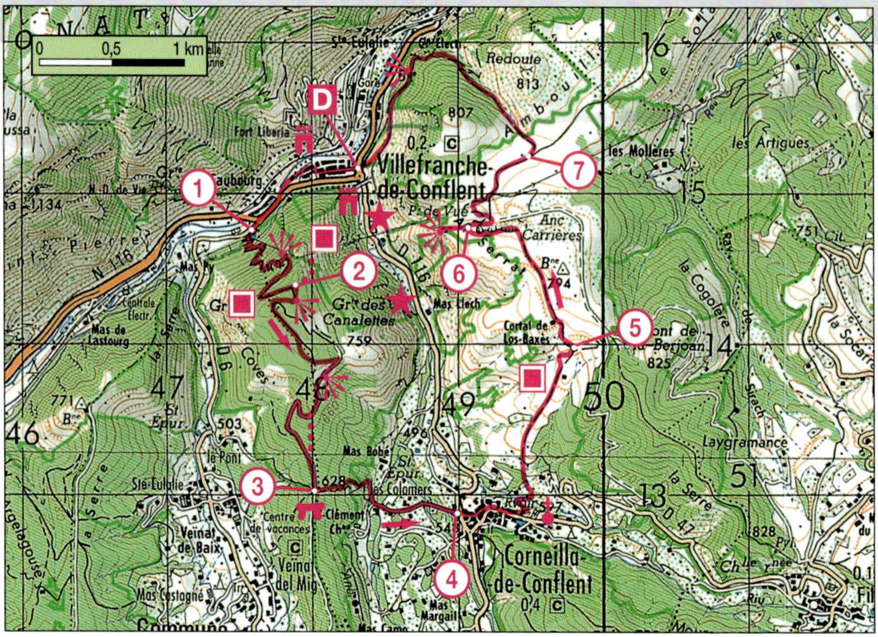

Stationnement : en arrivant de Prades se garer sur le premier parking (payant) devant les remparts de Villefranche-de-Conflent.

D Franchir le pont, pénétrer dans la citadelle et traverser le bourg **(grotte)**. Place de l'**Église** au niveau du Vauban prendre à droite, continuer à gauche dans la rue suivante et sortir des remparts. Au stop poursuivre en direction de Olette, ne pas traverser le pont et continuer en face **(prudence)**.

1 Ne pas franchir le pont Saint-André, mais traverser la N116 et suivre la route à gauche sur 20 m puis monter par un sentier vers Corneilla-de-Conflent. Au croisement de sentier continuer à monter en face ***(vue sur le fort Libéria)***, s'élever par des virages et rejoindre un carrefour.

2 Poursuivre à droite, passer sous une **citerne Vauban** ; ***vue sur Vernet-les-bains, Fillols, Sahore, le massif du Canigó***) et juste après continuer par le chemin de gauche. À la fourche suivante prendre à droite, au carrefour poursuivre en face, atteindre une large piste et la suivre à droite ***(vue sur Corneilla-de-Conflent)***. Délaisser les chemins latéraux et rester sur la piste jusqu'à rejoindre un **dolmen**.

3 Quitter la piste et emprunter un sentier à gauche du dolmen, descendre en sous-bois, suivre une route à droite, traverser les ruisseaux de Cady et de St-Vincent.

4 Suivre la route à droite et de suite

Villefranche-de-Conflent. -NI-

monter à gauche, puis emprunter à droite carrer d'Avall, prendre à gauche devant un oratoire et gagner la place de l'**Église**. Contourner celle-ci par la droite et derrière, à hauteur d'une **fontaine**, descendre une ruelle, continuer par la droite, franchir un ruisseau sur une passerelle et remonter. Passer à droite d'un portail, franchir une clôture par un portillon et continuer en face. Traverser des pâturages en passant à côté d'un **orri**.

5 Juste après un autre orri, poursuivre à gauche la direction de Villefranche, passer vers une ruine, continuer à monter. Au croisement suivre à gauche Villefranche, à une fourche poursuivre à droite.

6 Au carrefour prendre à gauche vers un panorama ***(vue sur Corneilla, Vernet-les-Bains, le Canigó, Villefranche et le fort Libéria, ancienne culture en terrasse)*** revenir et poursuivre en face à proximité d'une ancienne carrière, tourner à droite sous la ligne électrique. Continuer à gauche puis à droite, au chemin en T prendre à gauche.

7 Dans une clairière à la fourche suivre à gauche Villefranche-de-Conflent. Après un virage continuer à droite, dans la descente délaisser un chemin à droite et prolonger en face ***(vue sur Villefranche et le fort Libéria)***, franchir un petit canal et regagner le départ.

Hors Circuit : en 2, AR 10 mn à gauche vers une citerne Vauban.
Variante : avant 3.

LA CITÉ DE VILLEFRANCHE

VILLEFRANCHE-DE-CONFLENT ■ CORNEILLA-DE-CONFLENT

21

Enserré dans les remparts de Villefranche sous la protection du fort Libéria, le chemin s'élève ensuite pour pénétrer dans la garrigue. Enivré par le chant des cigales et les senteurs de thym et de lavande, le circuit se déroule dans un environnement ou nature et patrimoine se complètent agréablement.

3 h 40 - 11,5 km
balisage jaune
dénivelée : 675 m
▼ 430 m ▲ 793 m

Villefranche et son marbre rose

Dès le 11e siècle, Villefranche devient un site stratégique pour le comte de Cerdagne, opposé au comte de Roussillon. Il fortifie ce village encaissé au confluent de deux rivières. Au 17e siècle, capitale militaire d'une région restée longtemps frontalière, Villefranche est aménagée par Vauban qui renforce les remparts médiévaux et édifie le fort Libéria, dont l'accès se fait par un étonnant escalier souterrain dit des « mille marches ». Aujourd'hui, le village, monumental ensemble bâti dans le marbre rose, fait partie des plus beaux de France. L'église Saint-Jacques est réputée pour son magnifique portail roman du 12e siècle en marbre local.

Le fort Libéria. -NI-

VOIR ET SAVOIR

citadelle de Villefranche, grotte de Cova-Bastera dolmen (en 3) église de Corneilla du 11e et 16e siècle (en 4).
À PROXIMITÉ : ★grottes des grandes Canalettes.

LES TRÉSORS DE CORNEILLA-DE-CONFLENT

Des premières traces de l'homme sur la commune, il reste des dolmens, des outils, des ossements et, depuis la nuit des temps, les grottes de Canalettes renferment des trésors géologiques…

Du 11e siècle et après, il reste de nombreux trésors, à commencer par cette tour qui domine le village. C'est celle du « palau », le château qui protégeait Corneilla et qui abritait la résidence d'été du comte Guifred. L'église Sainte-Marie, joyau de l'art roman des 11e et 13e siècles, avec ses merveilles de marbre, a été bâtie sur les ruines d'un prieuré augustin dont elle a gardé les murs nord et sud de la triple nef et un clocher carré de type lombard. Côté roman, elle renferme une vierge à l'enfant du 12e siècle et une madone en bois polychrome… Côtés gothique et baroque, elle cache un retable de marbre finement sculpté, un autre en bois doré, des stalles en bois, des statues, des toiles et du mobilier de style hispano-mauresque.

Église Saint-Jacques. Chapiteaux de l'église de Corneilla-de-Conflent. -NI-

La Cerdagne

Randonneur longeant l'étang del Mig. -NI-

et le Capcir

Situés entre 1 000 et 2 921 mètres d'altitude, ces deux plateaux bénéficient d'un climat exceptionnel et d'une nature particulièrement généreuse. C'est le pays des marmottes, des mouflons et de l'aigle royal, mais aussi le domaine skiable des Neiges Catalanes...
Le Capcir, entre Conflent à l'est et Cerdagne à l'ouest est orienté du sud au nord, les cours et les plans d'eau, alimentés par les torrents, y sont nombreux. La Cerdagne s'étend sur une quarantaine de kilomètres et constitue l'extrémité ouest des Pyrénées-Orientales. Elle compte, à ses portes, des points de communication névralgiques comme le tunnel de Puymorens au nord ou la gare internationale de Latour-de-Carol.
Les randonnées traversent des vallées pleines de charme telles que les vallées d'Eyne (Réserve Naturelle) ou de Valcebollère (sentier des Ardoisières) ou longent des plans d'eau aux couleurs et aux reflets magiques : lacs de Camporeils, lacs du Carlit, étang du Lanoux...

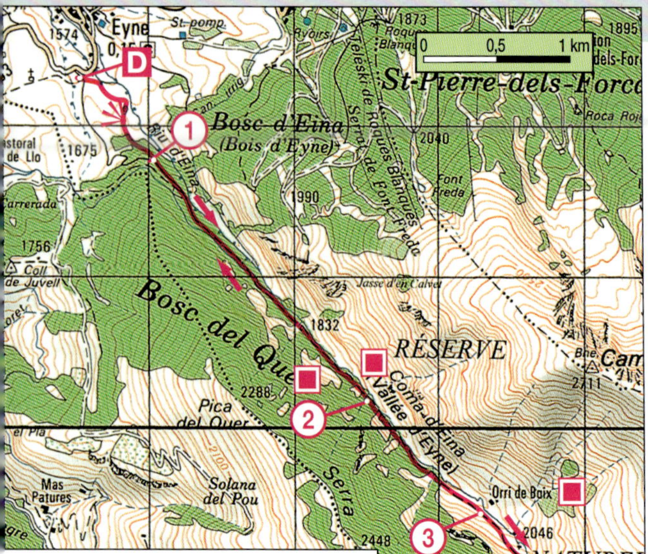

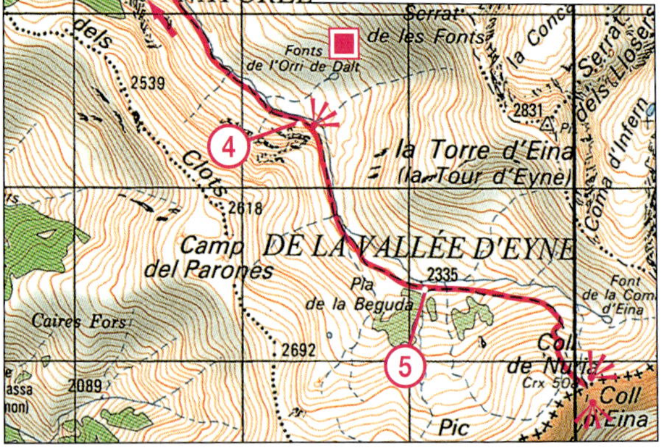

Fleur jaune et linéaire des Alpes.-NI-

Accès au Départ : sur la N116 au col de la Perche, suivre en direction d'Eyne, à la sortie du village continuer vers Llo sur 500 m.
Stationnement : parking de la Réserve naturelle.

D Du parking, passer à côté des toilettes, prendre le chemin à gauche puis à droite en direction du col de Nuria. Après 150 m à la fourche prendre le chemin de droite ***(vue sur Odeillo, Font-Romeu et le massif du Carlit)***, le suivre entre prairie puis sous-bois et rejoindre un chemin.

1 Monter à gauche et peu après prendre à droite. Franchir une barrière et couper un petit canal, **orri à droite vers un pierrier**.

2 Poursuivre en face **(prise d'eau à gauche)**, plus haut sortir du bois et poursuivre dans la prairie.

3 **Orri de Baix** à gauche, arrivé vers une zone rocheuse, monter par le chemin de droite dans un passage étroit puis retrouver les bords de la rivière avant un autre ressaut rocheux.

4 Monter ***(vue sur l'Orri de la fontaine de Dalt)***, franchir un ruisseau secondaire et traverser un plateau.

5 En bout de ce dernier débute la montée finale plus soutenue qui gagne la frontière au **col de Nuria** ou **d'Eyne** ***(vue côté Espagne sur la station de ski de Nuria, et côté France sur Font-Romeu et le massif du Carlit)***. Revenir au départ par le même chemin en sens inverse

Orri de Dalt au point 4. -NI-

Randonneurs entre le point 5 et le col d'Eyne. -NI-

LA VALLÉE D'EYNE

EYNE

22

La Réserve de la vallée d'Eyne

Elle s'étend sur 1 177 ha et culmine à 2 850 m. Située sur le plateau cerdan, elle a été créée en 1993 et permet de communiquer avec le territoire espagnol par le col de Núria (2683 m).

Ce parcours dans la Réserve naturelle d'Eyne vous fera découvrir le pastoralisme d'antan avec la présence d'orris, ces cabanes de bergers en pierres qui servaient d'abri. Les vaches sont encore là broutant entre les terriers, des marmottes et sous le regard discret, des isards.

6 h 15 - 17 km

balisage avec des cairns

dénivelée : 1 165 m

▼ 1 599 m ▲ 2 683 m

Randonneurs au point 2. -NI-

« *La vallée des fleurs* » est connue depuis le 17e siècle. Les botanistes se sont depuis intéressés à la diversité des milieux qu'elle propose et du nombre d'espèces endémiques qu'elle abrite. Plus de 500 plantes, dont des espèces rares et protégées sont recensées : les pierriers siliceux colonisés par l'endémique chardon fausse carline, le séneçon à feuille blanche ou le persil des isards... Près de nombreuses sources, on trouve l'endémique saxifrage aquatique, la grassette vulgaire.... Ce site unique en Europe abrite également nombre d'insectes : on y compte plus de 30 espèces de bourdons et 60 espèces de papillons ! La Réserve est aussi un passage migratoire important. L'avifaune d'Eyne est riche de 82 espèces nicheuses répertoriées, du crave à bec rouge à la mésange noire ou à la mésange huppée en passant par les nombreux rapaces comme l'aigle royal, le circaète Jean-le-Blanc, le hibou grand-duc... Chez les mammifères, on note la présence du cerf, du chevreuil, du renard, de la martre...et en altitude, de l'isard, du mouflon et de la marmotte. À la variété des paysages répond une grande richesse de vestiges historiques.

Réserve d'Eyne et Ferme Cal Martinet : 04 68 04 77 07.

VOIR ET SAVOIR

★ vasques d'eau dans la rivière • présence d'isards et de marmottes • chevaux et vaches en estive ■ Orris (cabane de berger en pierres) ✿ flore de montagne.

À PROXIMITÉ : ⬢ maison de la Réserve naturelle à Eyne ⛲ bains et thermes de Llo et de Dorres ★ four solaire d'Odeillo et centrale solaire Thémis.

Joubarbe. -NI-

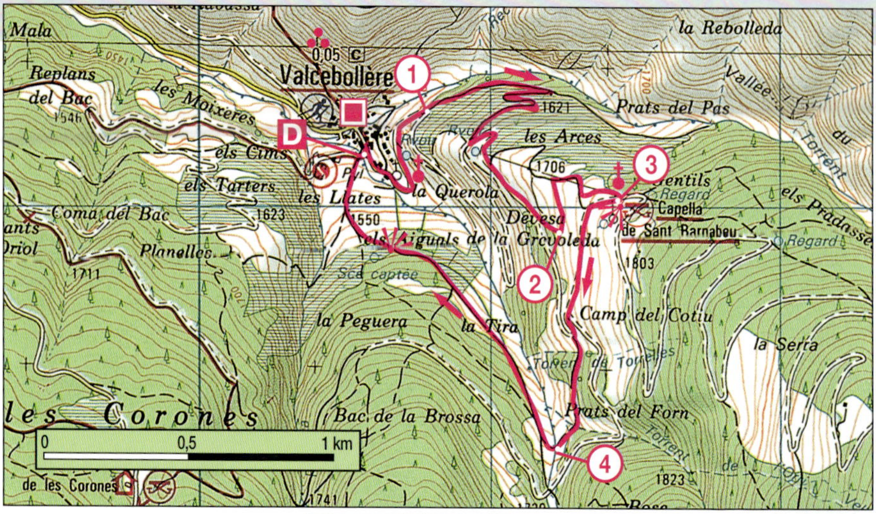

Accès au Départ : sur la N116 en direction de Bourg-Madame suivre Valcebollère.
Stationnement : parking à la sortie du village.

D Du parking revenir vers la fontaine et monter à droite par la rue de l'Église, passer à droite de la **chapelle** et continuer chemin de la Saint-Barnabé.

1 Dans le virage quitter la piste pour un chemin en face **(clôture)**, plus haut délaisser un chemin en face et tourner à droite, devant une barrière poursuivre à gauche, retrouver la large piste et la suivre à gauche.

2 Dans la ligne droite quitter la piste et monter un sentier à gauche, continuer à droite puis à gauche à travers pâturage. Au panneau sur le thème des champs virer à droite, dans le sous-bois prolonger en face, passer une clôture et couper la piste puis monter en face jusqu'à la **source** et **chapelle de Saint-Barnabé**, ***vue sur Osséja et la Cerdagne***.

3 Redescendre à la piste et la suivre à gauche en descente, dans le virage quitter la piste et descendre un chemin en face et franchir un premier ruisseau.

4 Traverser le deuxième sur une passerelle, descendre en terrain ombragé toujours en face ***(vue sur Valcebollère)***, franchir une clôture et descendre vers le village.

Ci-dessus : ruines de l'ancien village abandonné de Valcebollère. -NI-

Ci-contre : jeunes scouts devant la chapelle Saint-Barnabé. -NI-

Les ardoisières de Valcebollère

Depuis Valcebollère village dans lequel se termine la route, vous partirez sur des chemins schisteux à la découverte des anciennes pratiques agricoles. Comme les réfugiés espagnols qui fuyaient le franquisme pendant la Retirada, vous trouverez consolation à la chapelle Saint-Barnabé, et de son excellente source fraîche.

2 h 00 - 5 km

balisage jaune et panneau vert *«Cami de Sant-Bernabeu»*

dénivelée : 265 m

▼ 1 515 m ▲ 1 765 m

Au fond de la vallée de la Vanera, au bout d'une route étroite, se trouve un petit village d'une cinquantaine d'habitants, Valcebollère.

Il était, au 19e siècle, l'un des plus importants de Cerdagne et comptait plus de 400 personnes, des bergers, charpentiers, bûcherons mais aussi tailleurs de pierres.

En effet, du Moyen Âge au milieu du 20e siècle, les carrières de schiste situées au-dessus du village fournissaient des llauses (ou lloses) d'excellente qualité pour la couverture des toits de la région. Les sommets des églises, d'Hix et d'ailleurs, sont autant de bijoux d'art roman très certainement recouverts d'ardoise de Valcebollère. La commune, qui n'était alors qu'un ensemble de hameaux, fut créée en 1831. À cette date, l'activité des ardoisières reprit et nombreux furent les habitants qui louèrent une partie du site pour en extraire et travailler le schiste, dans des conditions particulièrement pénibles. Il fallait attendre l'hiver que les blocs gorgés d'eau se détachent de la montagne puis il fallait retourner le schiste à la pelle : 4 m^2 pour faire un mètre carré de toiture... pas vraiment rentable. Peu à peu, l'exploitation des ardoisières fut abandonnée.

Des vestiges subsistent, cabanes servant d'abris aux ardoisiers, terrasses jonchées d'éclats, que l'on peut découvrir à travers les chemins qui serpentent entre le vieux village, les carrières et les enclos pastoraux.

Campanule. -NI-

Église de Valcebollère. -NI-

VOIR ET SAVOIR

architecture du village de Valcebollère église (en D) anciennes carrières de schiste (lauzes) ★ source (en 3) et chapelle Saint-Barnabé ★ panneaux thématiques sur tout le parcours.

À PROXIMITÉ : bains romains à Dorres ★ espace aqualudique et parcours dans les arbres à Err.

DE LA DURETÉ DU SCHISTE... À LA DOUCEUR DU MIEL

Le miel est également à l'honneur à Valcebollère au **musée des Abeilles et de l'Environnement**. On peut y découvrir la vie des abeilles mais aussi la faune sauvage des Pyrénées.

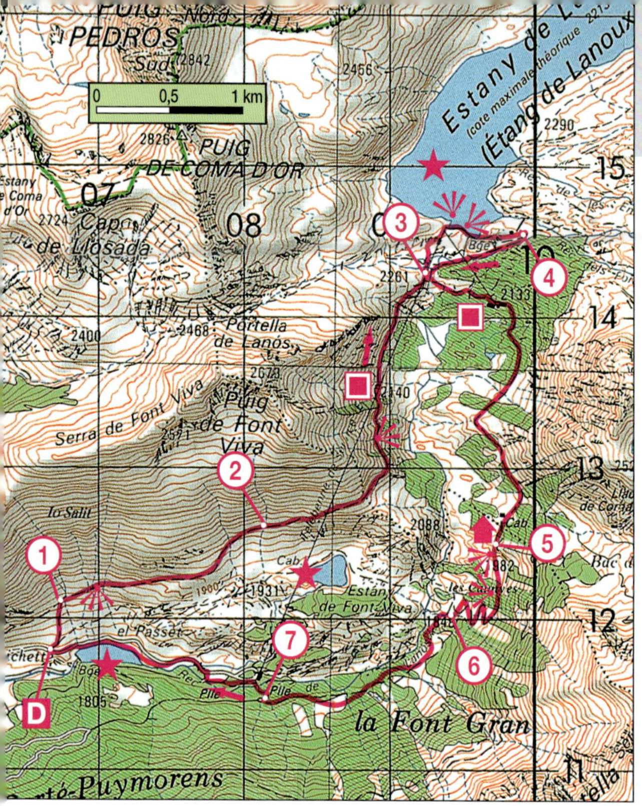

Accès au Départ : à l'entrée de Porté-Puymorens suivre la route des cols pour accéder (péage) au parking du Passet.

Stationnement : se garer sur le premier parking en face d'un panneau d'info sur le massif du Carlit.

Hors Circuit en 4 : possibilité de monter au sommet du pic Carlit (difficile).

D Monter un sentier à gauche de la route entre les deux panneaux d'informations, délaisser des sentiers à droite et monter assez raide jusqu'à un sentier perpendiculaire.

1 Le suivre à droite ***(vue sur le lac de Passet, les pics de Coll Roig et le Carlit)*** en balcon.

2 Délaisser une sente qui descend à droite et prolonger en face ***(vue sur le lac de Font Vive)*** en surplomb de la vallée ***(vue sur le barrage de Lanoux)***. Passer devant l'entrée d'une première **galerie** puis d'une seconde.

3 Devant l'entrée d'une **autre galerie** continuer à droite, franchir un ruisseau sur une passerelle. Rejoindre une large piste, la suivre à gauche et à hauteur d'une autre passerelle continuer légèrement à gauche dans la prairie. Se diriger vers un bâtiment, le contourner et atteindre le **barrage de Lanoux**, ***vue sur le Carlit et le bassin versant du lac***, traverser la digue et en bout suivre le sentier qui monte. Redescendre légèrement et rejoindre un chemin.

4 Le suivre à droite, franchir un ruisseau, à hauteur d'un pont continuer à gauche et peu après ne pas descendre vers la passerelle mais poursuivre à gauche. Descendre par des lacets, longer la **maison des ingénieurs,** cheminer en léger sous-bois, traverser un **pierrier** et atteindre une cabane dans une prairie.

5 Longer cette dernière ***(vue sur les gorges de Lanoux)***, la descente se fait plus raide ***(vue sur le lac de Font Vive et Porté-Puymorens)*** et par des lacets, arriver dans une clairière.

6 Poursuivre en descente à gauche en sous-bois et en franchissant plusieurs ruisselets.

7 Au carrefour prendre le chemin à droite, traverser la rivière sur un pont et juste après tourner à gauche avant le parking. Continuer ce chemin jusqu'à un autre pont, ne pas le franchir et prendre à droite entre les arbres sur 100 m pour retrouver la route. La suivre à gauche puis gagner le bord de l'**étang de Passet** et le suivre par la droite. Vers les aménagements de la tyrolienne monter à droite et emprunter la route à gauche pour retrouver le départ.

Pêche au bord de l'étang de Passet. -NI-

L'ÉTANG DE LANOUX

PORTÉ-PUYMORENS ■ ANGOUSTRINE-VILLENEUVE-DES-ESCALDES

24

Dans une ambiance montagne au départ, le sentier se déroule en balcon au-dessus de la vallée de Lanoux pour atteindre l'étang du même nom. Cette superbe étendue d'eau dominée par le Pic Carlit est un des plus grands lacs des Pyrénées.

4 h 30 - 14 km

balisage rouge/blanc 1 à 3 jaune 3 à 7

dénivelée : 670 m

▼ 1 700 m ▲ 2 240 m

Un col mythique

Le Puymorens est un col, à 1915 mètres d'altitude, situé entièrement sur le territoire français. Il permet de relier la vallée du Carol, catalane, à la haute vallée de l'Ariège. Jusqu'en 1659 (à cette date le traité des Pyrénées fixe de façon quasi définitive la frontière entre l'Espagne et la France) il était frontalier avec l'Espagne. De tout temps le col du Puymorens a été le théâtre d'échanges commerciaux de première importance. Point culminant de l'antique *via Merchaderia*, on le traversait même quand il y avait deux mètres de neige et le chantier de la route entre Porté-Puymorens et l'Hospitalet-près-l'Andorre ne débutera qu'en 1861. C'est un col emprunté par les coureurs du Tour de France cycliste depuis 1913.

Village de Porté-Puymorens. -NI-

Un tunnel récent

Un grand tunnel de montagne percé dans les années 1990, c'est assez rare pour être signalé. Conçu à l'initiative de François Mitterrand pour faire communiquer les régions Languedoc-Roussillon et Midi-Pyrénées, il a été inauguré en décembre 1994, en présence du Président du Gouvernement espagnol et du Président de la Generalitat de Catalunya. D'une longueur de 4 820m, formé d'un seul tube bidirectionnel, les entrées se trouvent placées à 1 560m d'altitude côté sud et 1 520m côté nord. C'est un tunnel à péage exploité par la société des Autoroutes du Sud de la France.

Sur la N20, commune de Latour-de-Carol en montant à Porté-Puymorens. -NI-

VOIR ET SAVOIR

★ lac de Passet (en D) • plus grand parcours de tyrolienne des Pyrénées • étang de Lanoux d'une longueur de 3 km (de 3 à 4) ■ maison des ingénieurs du barrage (de 4 à 5).

À PROXIMITÉ : Bains d'eaux chaudes de Dorres ★ Principauté d'Andorre.

Barrage de Lanoux.-NI-

Du balcon des Albères au sommet du Canigó, des étendues subnaturelles du Coronat au massif sauvage de la Carança, du site des Camporells à la forêt plus sage de Boucheville, les forêts domaniales font le paysage des Pyrénées-Orientales. Elles sont avec les forêts communales un formidable réservoir de biodiversité

La gestion des forêts publiques

• les forêts montagnardes

Les forêts domaniales et autres forêts publiques couvrent 76 000 ha environ, soit près de 20 % de la surface départementale, elles sont gérées par l'Office National des Forêts (ONF). A l'exception notable de la forêt des Albères, le climat et la pression agricole ont repoussé la très grande majorité des forêts à l'ouest d'une ligne Saint-Paul-de-Fenouillet - Prades - Amélie-les-Bains. Nombre de ces forêts sont d'origine RTM (Restauration des Terrains en Montagne) et ont été constituées par des achats au siècle dernier et après « l'aiguïat » de 1940. Aujourd'hui, les missions de l'ONF s'articulent, dans le cadre d'une gestion durable des forêts publiques, autour de trois axes : économique, environnemental et social.

Une visite guidée auprès d'un jeune public. -ONF-

L'efficacité économique

• Commercialisation de bois :

en zone méditerranéenne, les espaces forestiers ont souvent un rôle multifonctionnel : l'activité de prélèvement devient un outil au service de la biodiversité, du paysage, de l'accueil du public, de l'ouverture des milieux en faveur du pastoralisme... Ainsi, chaque année, environ 80 000 m^3 de bois sont proposés à la vente par l'ONF en Pyrénées-Orientales. Même si cela représente un chiffre d'affaires plutôt faible, l'ONF reste un acteur majeur du marché du bois. En raison notamment de la disparition de la quasi-totalité des scieries dans le département, ce marché doit se diversifier et s'ouvrir plus, notamment vers l'Espagne.

Construction d'un refuge. -ONF-

• **Activités conventionnelles :** l'ONF est le partenaire des collectivités pour la gestion patrimoniale de leurs forêts. À ce titre, il intervient comme prestataire dans l'entretien des peuplements et des infrastructures. Mais au-delà, l'ONF propose des services à tous les clients publics ou privés : plantations d'alignement, arbres de parcs, inventaires et cartographies diverses, études diverses (naturalistes, d'impact, des risques naturels...).

La performance environnementale

• **Réserves et Natura 2000 :** dans sa mission de préservation de l'environnement, l'ONF s'appuie sur des pratiques courantes et des politiques spécifiques : les réserves et Natura 2000.

Ainsi, 40 % des forêts gérées sont concernées par Natura 2000 et deux projets de réserve sont en cours, l'une sur la forêt des Albères (685 ha), l'autre en forêt du Canigó (2 631 ha).

• **Chasse** : l'action de l'ONF dans le maintien de l'équilibre sylvo-cynégétique est une priorité. Sur les réserves de chasse et de faune sauvage, un plan visant à conserver les équilibres est défini annuellement.

La responsabilité sociale

• **Accueil du public :** en Pyrénées-Orientales, l'ONF aménage des lieux d'accueil comme le refuge du Pinatell sur le GR 10 qu'il a réhabilité. Il crée des sentiers comme celui du col de l'Ouillat, accessible aux personnes handicapées, ou le sentier de découverte du milieu aux Cortalets. Pour sensibiliser à l'environnement, il organise de nombreuses animations scolaires et randonnées thématiques.

• **La prévention des risques :** les risques naturels (érosion, mouvements de terrain, risques torrentiels) sont pris en compte par le service RTM. L'ONF intervient également dans la prévention des risques incendies de forêts (dispositif de surveillance, débroussaillement...).

Sources : ONF

Photos de haut en bas :
Une forêt de pins. -BM-
Hêtraie. -Archives Chamina-
Pin Sylvestre. -Archives Chamina-

Photo fond : pins crochets. -ONF-

DES ESSENCES DE TOUTES SORTES

Les forêts d'origine RTM ayant fait l'objet de reboisements artificiels possèdent toutes sortes d'essences, du mélèze à l'eucalyptus. Les forêts de moyenne montagne méditerranéenne des chênes pubescents, chênes verts et pins divers. Si on laisse de côté l'étage subalpin dépourvu de formations boisées la répartition des essences est la suivante :

• **le pin à crochets** domine très largement en Cerdagne, Capcir et Haut-Conflent, à l'exception de la forêt de la Matte qui possède d'excellents pins sylvestres.

• **Le hêtre** est présent dans Boucheville, les Albères et le Canigó.

• **Le sapin** se trouve sur les hauteurs de Boucheville, dans le Canigó et le Moyen-Conflent (Entrevalls, Tres Estelles).

• Il faut noter la présence de **pin de Salzmann** dans le Conflent.

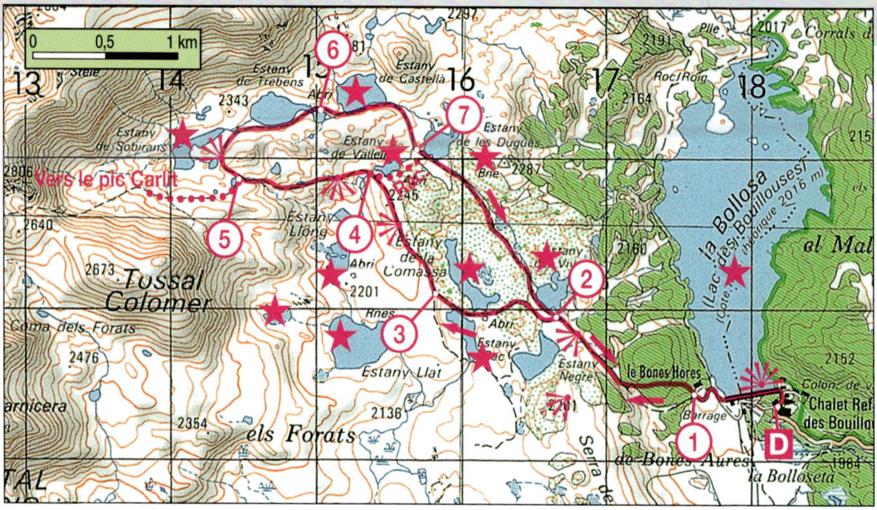

Accès au Départ : accès au lac des Bouillouses en voiture avant 7 h 00 et après 19 h 00. Navette de bus obligatoire dans la journée à partir d'un parking sur la D60.
Stationnement : parking.

D A l'arrivée de la navette, monter vers l'**auberge du Carlit** et le barrage, traverser la digue ***(vue sur le pic Peric)***, en bout longer le lac à droite puis à gauche suivre le tour des **étangs du Carlit**.

1 Au parking du **refuge des Bones Hores**, prolonger sur un sentier caillouteux en sous-bois. À hauteur d'une prairie ***(vue sur l'étang Noir à gauche)*** continuer et rejoindre une fourche.

2 Emprunter le chemin de gauche, passer sous un abri vert, puis entre **deux étangs**. Peu après le deuxième monter sur la gauche.

3 Prendre à droite, s'élever ***(vue sur les pics Péric et Carlit)*** puis redescendre à **l'étang de Vallel**.

4 Franchir le ruisseau et monter en terrain caillouteux ***(vue sur l'étang Long)***. Rejoindre un replat à hauteur d'un petit étang à droite.

5 Quitter le sentier et contourner cet étang par la droite ou par la gauche continuer et descendre en direction de l'**étang de Sobirans** ***(vue sur le Carlit)***. Au-dessus d'un étang en cours d'assèchement emprunter un chemin à droite. Peu avant l'**étang de Trebens**, à une fourche, suivre le sentier en bordure de cet étang, en bout franchir une passerelle.

6 Au niveau de l'abri poursuivre à droite et longer un autre étang, en bout de celui-ci traverser son déversoir sur des rochers et descendre le sentier vers l'**étang de Castella**, longer au plus près ce dernier avec des passages rocheux. Continuer en descente en direction de l'**étang des Dougnes** ***(vue sur le massif du Canigó)***.

7 Franchir une passerelle et poursuivre à droite, longer l'étang et continuer en direction des **lacs de Bouillouses.** Descendre le vallon en bordure du ruisseau, dans la prairie humide traverser sur un ponton et en sous-bois rejoindre l'**étang de Viver**, puis retrouver le carrefour du point 2. Poursuivre en face et suivre l'itinéraire de l'aller en sens inverse jusqu'au point de départ.

Étang de Casteilla et névé -NI-

Raccourci en 4 : suivre la direction de l'étang des Dougnes et gagner 7.
Hors Circuit en 5 : vers le sommet du Pic Carlit.

Randonneurs entre les points 4 et 5. -NI-

LES LACS DU CARLIT

ANGOUSTRINE-VILLENEUVE-DES-ESCALDES

25

Très bel itinéraire au départ du grand lac des Bouillouses et du site classé du même nom. Dans une ambiance montagne dominée par le Carlit le point le plus haut des Pyrénées-orientales, ce circuit se déroule en bordure d'un chapelet d'étangs.

3 h 00 - 10 km
balisage jaune - Cairns 4 à 7
dénivelée : 390 m
▼ 2 000 m ▲ 2 350 m

Le site classé du lac des Bouillouses

Au cœur du massif du Carlit, le lac des Bouillouses est un site naturel classé qui s'étend sur 1 800 ha. C'est aussi une ZNIEFF (zone naturelle d'intérêt écologique, faunistique et floristique). Elle est située à 2 107 m d'altitude et comprend plusieurs lacs dont l'étang de Lanoux.
Si on y rencontre sans grande difficulté la marmotte dans les pelouses qui bordent les différents lacs ou l'isard sur les hauts plateaux, le site abrite également un mammifère endémique fort rare : le desman des Pyrénées. Petit mammifère aquatique des torrents montagnards pyrénéens, il se nourrit exclusivement d'insectes et est protégé sur le plan national. Tapi de bruyères, de myrtilles, de genêts et de rhododendrons, le site abrite également de nombreuses variétés de plantes, dont trois espèces très rares dans le département et protégées en France : le gallium trifide (rubiacée), le botrychium simplex (petite fougère rarissime que l'on trouve dans les tourbières) et l'isoète-lacustre.
Le Conseil Général des Pyrénées-Orientales a mis en place depuis 1999, un plan de gestion global de la fréquentation des Bouillouses, dont l'objectif est d'aboutir à une exploitation touristique des lieux, tout en préservant le caractère naturel du site.

Voir et Savoir

★ lac des Bouillouses • nombreux étangs tout au long du circuit ★ circuit au pied du Pic du Carlit.
À PROXIMITÉ : ★ four solaire d'Odeillo et centrale solaire Thémis • lac de Matemale • grotte de Fontrabiouse parc animalier des Angles cité fortifiée de Mont-Louis.

Site classé du lac des Bouillouses : 04 68 04 24 61
Du 15 mai au 15 octobre, point info des Bouillouses.

Le site classé du lac des Bouillouses. -NI-

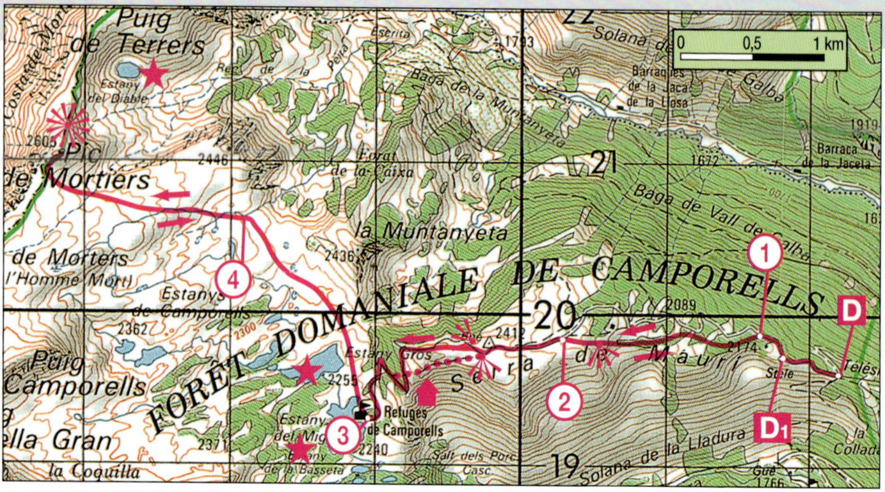

Refuge de Camporells au point 2. -NI-

Accès au Départ : depuis la station de Formiguères monter par le télésiège.
D1 : si le télésiège ne fonctionne pas, depuis le parking emprunter la piste de terre en face vers les Camporells, à la fourche continuer à droite, au croisement suivant prendre à droite en passant devant une cabane, continuer jusqu'à une barrière et garer le véhicule.
Stationnement : parking de la station.
Difficultés ou Conseils Pratiques : pas de balisage entre 4 et le pic des mortiers.

D En descendant du télésiège suivre la piste en direction des **Camporells**, franchir une barrière et poursuivre.

1 À hauteur d'un panneau d'information quitter la piste pour un chemin à gauche et s'élever ***(vue sur les lacs de Matemale et Puyvalador, sur le massif du Canigó)***.

2 Délaisser une piste puis un chemin à droite et poursuivre en face vers les Camporells. Atteindre un point haut ***(vue sur les lacs des Bouillouses et des Camporells, le pic Péric)*** et descendre en suivant la piste jusqu'au **refuge de Camporells**.

3 Longer l'étang par la droite, puis suivre au nord le sentier balisé rouge et jaune, passer à proximité de l'***étang Gros*** et s'élever. Longer un petit lac et continuer sur environ 200m.

4 Juste avant de descendre quitter le sentier balisé et monter une sente à gauche plein ouest, **pic de Mortiers azimut 288°**, contourner un petit étang en cours d'assèchement, par la droite rejoindre et couper un ruisseau et monter en bordure d'éboulis **(névés tardifs)**. Le sentier se perd peu à peu, gagner un replat et viser le grand col, l'atteindre et monter au sommet du **pic de Mortiers *(panorama sur la vallée de l'Oriège, la Réserve nationale de faune d'Orlu et la dent d'Orlu, les étangs du diable et de Camporells, le massif du Canigó)***. Revenir vers le refuge et le point de départ en suivant le même itinéraire en sens inverse.

Raccourci entre 2 et 3 : sur un sentier.

Ânes sur les bords de l'étang Gros -NI-

Famille en randonnée entre 1 et 2. -NI-

LES LACS DES CAMPORELLS

FORMIGUÈRES

26

Voir et Savoir

★ étangs et refuge de Camporells Réserve nationale de faune d'Orlu église de Flayat • chapelle Saint-Clair (18e s.) fontaine Saint-Clair.
À PROXIMITÉ : ★ Grotte de Fontrabiouse • lacs de Puyvalador et Matemale parc animalier des Angles.

Dans une belle ambiance de montagne les lacs et le refuge de Camporells offre une paisible halte à mi parcours de l'itinéraire. Un large panorama s'offre à ceux qui accèdent au sommet du pic de Mortiers, avec l'émerveillement de voir tourner les vautours de la réserve nationale de faune d'Orlu.

5 h 15 - 15,5 km
balisage jaune D à 3, rouge-jaune 3 à 4, cairns après 4
dénivelée : 900 m
▼ 2 095 m ▲ 2 605 m

Ski de descente

Formiguères est une des neuf stations de ski de descente des Pyrénées catalanes (clin d'œil et leçon n°1 à l'attention des lecteurs non-pyrénéens : ne jamais dire ski alpin !...). Son stade de neige a été aménagé à partir de 1973, d'abord au cœur de la combe de La Calmazeille puis ultérieurement en altitude sur la serre de Maury.
Aujourd'hui elle est l'archétype de la station familiale avec ses 4 pistes vertes, 8 bleues, 6 rouges et 1 noire. On y vient pour la qualité de ses espaces ludiques, boarder cross, snow park, piste à luge et son club piou-piou (jardin des neiges et garderie), autant que pour la vie de village.
Dans un environnement proche huit autres stations offrent une diversité exceptionnelle.
• Cerdagne Puigmal : au cœur de la Cerdagne le plus haut domaine skiable des Pyrénées catalanes.
• L'espace Cambre d'Aze : situé sur deux villages, Eyne et Saint-Pierre-del-Forcats.
• Font-Romeu et Pyrénées 2000 : neige garantie ou presque (plus vaste domaine européen de pistes enneigées avec neige de culture).
• Les Angles : station village à 1 650m d'altitude, où les pistes rentrent presque dans les vieilles rues...
• La Quillane : la plus petite (il en faut une), un amour de station pour toute la famille.
• Porté-Puymorens : un coin de haute montagne niché entre Andorre et l'Espagne.
• Puyvalador : une sorte de petit Canada en plein Capcir et le pic de Ginèvre qui domine...

Les lacs des Camporells. -NI-

Les Corbières

La chapelle de Planèzes. -NI-

et le Fenouillèdes

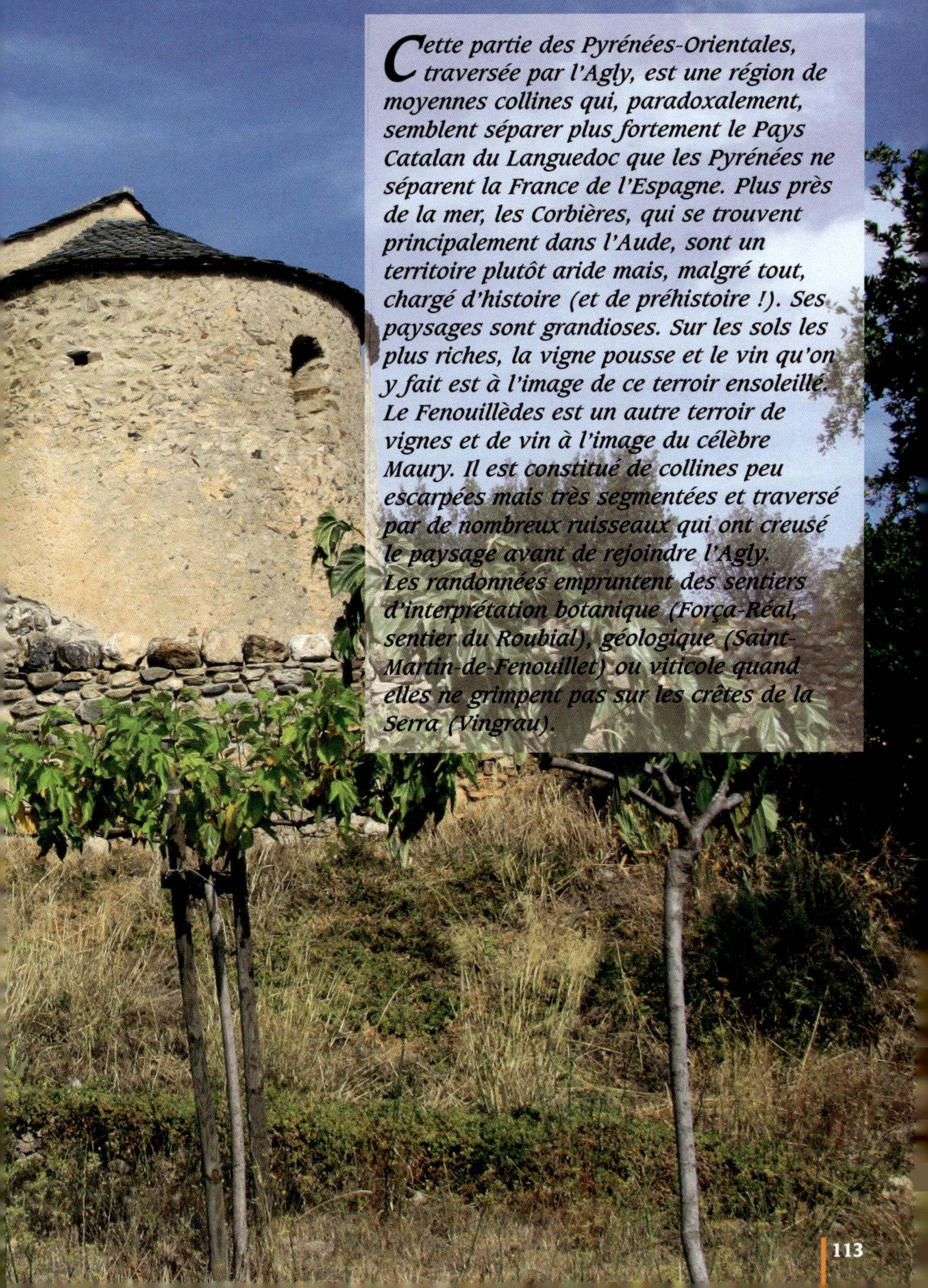

Cette partie des Pyrénées-Orientales, traversée par l'Agly, est une région de moyennes collines qui, paradoxalement, semblent séparer plus fortement le Pays Catalan du Languedoc que les Pyrénées ne séparent la France de l'Espagne. Plus près de la mer, les Corbières, qui se trouvent principalement dans l'Aude, sont un territoire plutôt aride mais, malgré tout, chargé d'histoire (et de préhistoire !). Ses paysages sont grandioses. Sur les sols les plus riches, la vigne pousse et le vin qu'on y fait est à l'image de ce terroir ensoleillé.
Le Fenouillèdes est un autre terroir de vignes et de vin à l'image du célèbre Maury. Il est constitué de collines peu escarpées mais très segmentées et traversé par de nombreux ruisseaux qui ont creusé le paysage avant de rejoindre l'Agly.
Les randonnées empruntent des sentiers d'interprétation botanique (Força-Réal, sentier du Roubial), géologique (Saint-Martin-de-Fenouillet) ou viticole quand elles ne grimpent pas sur les crêtes de la Serra (Vingrau).

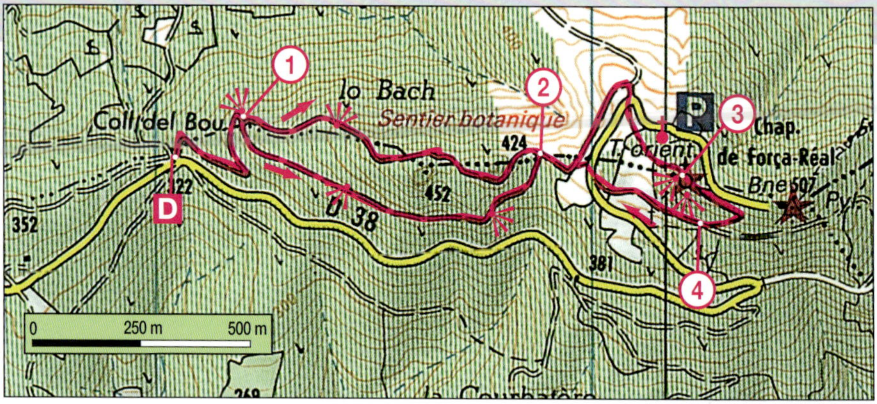

Sur l'ensemble du parcours vous aurez des informations sur les fleurs, les arbres et les arbustes.

Panneaux d'information jalonnant le sentier botanique de Força Réal. -NI-

Accès au Départ : depuis Millas ou Estagel par la D612 monter au col de la Bataille, et là suivre la D38 vers l'ermitage de Força Réal, sur 1,5 km.
Stationnement : parking en bordure de route.

D Du panneau du sentier de découverte emprunter le chemin à gauche, monter par des virages ***(vue sur Montner, Estagel, falaises de Vingrau, crête et château de Quéribus)***.

1 Au carrefour poursuivre en face dans le sens du circuit ***(vue sur la vallée et les villages de la Têt, le massif du Canigó et la chaîne des Albères)*** puis ***(vue sur la chapelle)*** atteindre un carrefour à trois branches.

2 Continuer à droite, à hauteur d'une barrière prendre à droite, couper la route et monter tout droit en face. Rejoindre la **chapelle et la table d'orientation**, ***panorama côté mer et côté montagne***.

3 Au croisement en redescendant de la chapelle prendre à droite, passer au pied d'un **oratoire**, au niveau d'une **croix** descendre à droite.

4 Suivre un chemin à droite en délaissant deux sentiers à gauche. Prendre la route à droite sur 30 m puis descendre d'abord un sentier puis un chemin à gauche, et gagner le carrefour du point 2. Monter en face puis amorcer la descente ***(vue sur le vignoble, Montner, Estagel, Latour de France)***. Au point 1 descendre à droite et revenir au départ.

Les fruits de l'alisier blanc entre les points 1 et 2. -NI-

Petit oratoire après le point 3. -NI-

Voir et Savoir

✝ chapelle du 17e siècle ★ table d'orientation de Força Réal • panneaux de découverte botanique ☼ panorama.
À PROXIMITÉ : ⛫ 🅼 château-musée de la Préhistoire de Bélesta ★ orgues d'Ille-sur-Têt ▣ moulin à huile d'olive de Millas.

FORÇA RÉAL

Ce circuit est court mais il vous en fera voir. En effet, c'est un très beau belvédère en direction de la mer comme de la montagne, sur 360° vous verrez tout. Durant votre balade, vous apprendrez aussi à connaître le milieu naturel environnant grâce aux panneaux richement illustrés des plantes et des arbustes présents sur l'itinéraire.

1 h 30 - 3,5 km
balisage jaune et panneau
dénivelée : 200 m
▼ 322 m ▲ 500 m

Pin maritime -NI-

Chapelle à Força Réal. -NI-

Le sentier botanique

Ici, la diversité de la flore et des arbres offre des variations sensorielles à nulle autre pareille. La douce senteur des genêts et des cistes en fleurs emplit, au printemps, les narines tandis que les subtiles nuances vertes des multiples résineux composent un tableau idéal. Tout au long de la balade, par un chemin qui serpente à travers les collines, le promeneur rencontre, selon l'altitude et l'orientation, des milieux divers, garrigues, résineux ou conifères. Dans cette multitude floristique, les différentes espèces sont signalées par des panneaux de présentation illustrés. C'est ainsi que le promeneur découvrira ici un aulne de Corse, un cèdre de l'Atlas, un olivier sauvage, là un pistachier aux fruits rouges, un pin Brutia, un eucalyptus... Les chênes verts et kermès, les pins et les cyprès, les mimosas sont aussi d'une présence toute méditerranéenne... car partout on devine la mer. La Méditerranée n'est pas loin mais se cache au début du parcours avant d'apparaître au point culminant du circuit. C'est là que le relais télévision a été installé, à proximité d'un ancien ermitage. Chacun peut profiter d'un panorama exceptionnel, à trois cent soixante degrés, sur les Pyrénées-Orientales avant de poursuivre sa promenade et de redescendre vers le col Del Bou.

Joubarbe. -NI-

Olives sauvages. -NI-

Figuier de Barbarie.-NI-

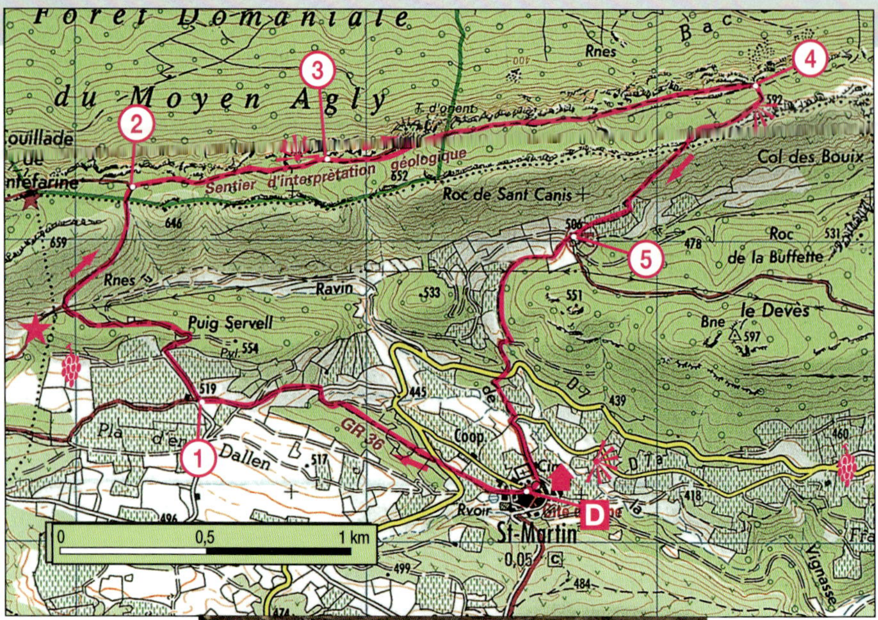

Panneau géologie après 1. -NI-

Stationnement : devant l'auberge mais peu de place disponible.

D Devant l'**auberge** et **bistrot de pays de Taïchac**, suivre toutes directions puis virer de suite à gauche dans une ruelle, monter tout droit. A une fourche quitter le goudron pour un chemin à droite au-dessus de la dernière maison, couper une route et prolonger en face. À la sortie du bois continuer à gauche, à la fourche prendre le chemin de droite qui longe une **vigne**, et atteindre une route.

1 La suivre à droite, prolonger en montée sur un chemin, au carrefour prendre à gauche, passer à côté d'une ruine **(panneau d'information géologique, *vue sur le massif du Canigó*)**. Délaisser un chemin à droite et monter en face, délaisser la direction de Fosse et poursuivre le sentier caillouteux jusqu'à un carrefour.

2 Ne pas suivre un sentier à gauche, et prendre à droite dans le sous-bois. À la sortie du bois ***(panneau, vue sur le Canigó)*** continuer et rejoindre une **(table d'orientation, *vue sur la vallée de la Boulzane , St-Paul-de-Fenouillet, les gorges de Galamus, le pech de Bugarach*)**.

3 Descendre dans le sous-bois, longer un grillage et poursuivre.

4 Sortir du bois et descendre plus raide ***(vue sur le roc de la Bufette)***, gagner un abri et des **panneaux d'informations**.

5 Après l'abri, couper un chemin et prolonger vers « **la source de la mort** ». Suivre un chemin à gauche, traverser la route et descendre un sentier en face, à hauteur d'un pont atteindre la route et la suivre à droite pour revenir au départ.

Raccourci en 3 : prendre à gauche le chemin de terre, le suivre en longeant des hêtres. Au bout de l'allée, prendre à droite un sentier qui, après 100 m, conduit dans un petit vallon. Suivre la sente, qui devient plus pentue, jusqu'à la piste que l'on emprunte à gauche.

Vue sur la vallée de la Boulzane et Saint-Paul-de-Fenouillet en 3. -NI-

LES HAUTS DE TAÏCHAC

SAINT-MARTIN-DE-FENOUILLET ■ ST PAUL-DE-FENOUILLET

28

Ce sentier est situé à la rencontre des plaques africo-ibérique et européenne, ce qui offre de nombreuses curiosités géologiques et paysagères. Entre vignes et sous-bois, l'itinéraire s'élève jusqu'à la crête qui domine la vallée de la Boulzane, offrant un très large panorama sur le synclinal du Fenouillèdes, et l'entrée des gorges de Galamus.

2 h 15 - 7 km
balisage jaune et panneau
dénivelée : 260 m
▼ 418 m ▲ 650 m

Le sentier géologique

Le sentier d'interprétation se trouve sur la ligne de rencontre des plaques continentales européenne et africo-ibérique. Cette rencontre date des bouleversements géologiques, voici 40 millions d'années environ, provoquant la formation des Pyrénées et façonnant le paysage. C'est à la fin du Crétacé que les deux plaques, jusque là séparées, commencent à se rapprocher. Entre les deux parties émergées de ces plaques tectoniques, les dépôts sédimentaires se sont accumulés au fond de la mer. Ils sont à l'origine des calcaires, des grès et des marnes. Quand ces dépôts sont pris en étau entre les plaques qui se resserrent, ils s'écrasent, se plissent, s'empilent ou se chevauchent donnant ainsi naissance à des reliefs accidentés tandis que les océans se retirent. Ces terrains sont ensuite soumis à l'érosion et, selon qu'il est disposé sur un sommet, sur un flanc ou dans un creux, le travail du temps et les mouvements physiques, vont agir différemment. Ils vont altérer, éliminer, partiellement ou totalement, certaines couches de sédiments pour en laisser apparaître d'autres, d'origines et d'âges plus anciens. C'est ainsi que s'explique la présence visible, dans un même espace, de sols et de roches très divers (calcaire, schiste, grès...). Ces roches sont des assemblages de minéraux que l'on différencie principalement par leur mode de formation : accumulation de sédiments pour les roches sédimentaires, solidification des magmas pour les roches magmatiques, transformation de roche préexistantes sous l'action de la température et de la pression pour les roches métamorphiques.

Le sentier géologique permet de voir ces différents types de roches ainsi que le magnifique synclinal de Saint-Paul-de-Fenouillet. Des panneaux jalonnent le sentier et expliquent le paysage et son relief...

VOIR ET SAVOIR

bistrot de pays · vignes · panneau d'information géologique.
À PROXIMITÉ : aqueduc Romain d'Ansignan ★ gorges de Galamus.

Vigne au point 1. -NI-

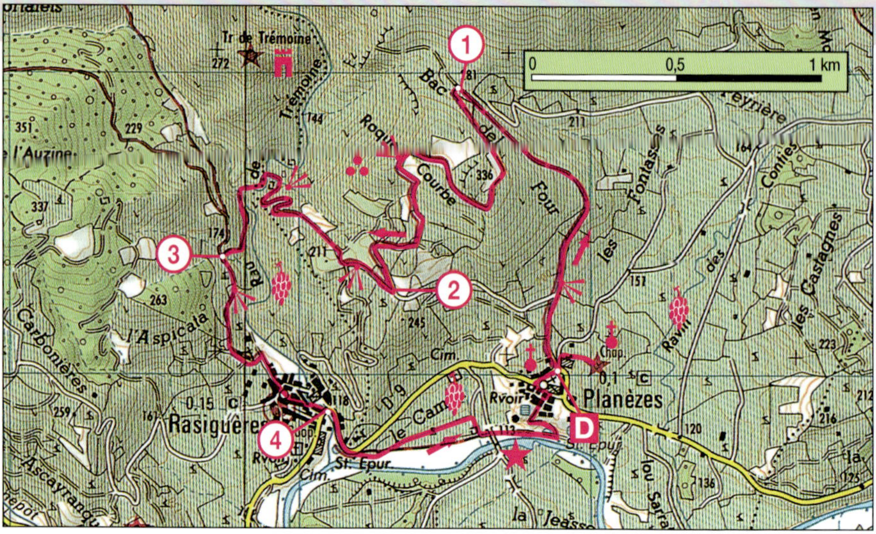

Ci-dessus : village de Planèzes. -NI-

Stationnement : parking vers la chapelle de Planèzes.

Ci-contre : grande agave et figuier de Barbarie. -NI-

D Du parking redescendre vers la **cave coopérative**, et monter à droite dans la direction du panneau « **découverte du vignoble** ». Délaisser trois chemins à gauche et monter toujours en face ***(vue sur Planèzes et son vignoble)***.

1 Quitter le chemin et continuer sur un sentier à gauche, s'élever puis descendre à gauche par un chemin plus large ***(vue sur la tour de Trémoine)***. Rester sur le chemin principal et délaisser les chemins latéraux d'accès aux **vignes**.

2 Arrivé à un croisement prendre à droite un chemin à plat ***(vue sur Rasiguères, le massif du Canigó)***. Dans le premier virage continuer à droite ***(vue sur la tour de Trémoine et les bâtiments ruinés d'une mine de fer)***, descendre, franchir le ruisseau de Trémoine.

3 Suivre un large chemin à gauche ***(vue sur Raziguères)***, descendre vers le village. À hauteur de l'**église** poursuivre en face rue Grande, délaisser deux rues à droite et poursuivre rue de la mairie.

4 Emprunter la D9 à gauche, peu après le panneau de sortie descendre un chemin à droite, poursuivre tout droit entre les **vignes**. En bout suivre la route à droite, au carrefour prendre à gauche et longer le **fleuve l'Agly**. Délaisser des sentiers à gauche, passer sous des rochers et rejoindre un carrefour, monter à gauche **(agaves et figuiers de Barbarie)**. Entrer dans Planèzes par le chemin de la rivière, puis à droite, place de la Mairie prendre à droite, et vers l'église poursuivre à droite pour retrouver le départ.

La tour de Trémoine. -NI-

Depuis la vallée de l'Agly, le circuit s'élève dans le vignoble de Planèzes puis celui de Rasiguères, deux villages entourés par leurs précieuses vignes. Cette terre a servi autrefois à l'extraction du minerai de fer dont on aperçoit les ruines des bâtiments dominé par la tour de Trémoine.

2 h 00 - 6,5 km
balisage jaune et panneau
dénivelée : 240 m
▼ 113 m ▲ 320 m

Vigne et vin en Pyrénées catalanes

Dans les Pyrénées-Orientales, la vigne s'est développée au 19e siècle, chassant vers les hauteurs les troupeaux qui dominaient l'agriculture de plaine jusqu'alors. En un siècle, cette monoculture modifia le paysage et l'habitat rural autant qu'elle bouleversa la réalité économique et sociale. Dans les années 1970, le nombre de vignerons diminua, la surface viticole aussi, se stabilisant à 35 000 hectares en 1990 contre 60 000 ha en 1960. En une vingtaine d'années, le vignoble s'est restructuré vers plus de qualité pour plusieurs raisons : entre autres, les Français boivent moins (60 l/an en moyenne contre 130 en 1960) et mieux tandis que les pays importateurs exigent aussi des produits de qualité. Les terres moins prestigieuses (vins de pays, de table) ont laissé la place à l'urbanisation ou à d'autres activités. Il n'en demeure pas moins que la vigne et le vin restent des éléments fondamentaux du patrimoine social et culturel catalan.

VOIR ET SAVOIR

Cave coopérative à Planèzes et Rasiguères • vignoble ★ fleuve l'Agly.
À PROXIMITÉ : barrage de Caramany sur l'Agly • aqueduc romain d'Ansignan • château et restes de fortifications de Latour de France.

Huit appellations sont recensées dans les Pyrénées-Orientales : Côtes du Roussillon, Côtes du Roussillon Villages, Côtes du Roussillon Collioure, les Aspres, Muscat de Rivesaltes, Vins Doux Naturels de Rivesaltes, Banyuls et Maury. Les vins secs représentent 380 000 hl pour 10 000 ha soit un rendement de 38 hl/ha tandis que les Vins Doux Naturels (VDN) représentent 340 000 hl pour

-NI-

une superficie de 15 400 ha, soit un rendement moyen de 22 hl/ha : des rendements qui, dans les deux cas, sont gages de qualité.

TERROIRS ET CÉPAGES DANS L'AGLY

Dans cette partie des Pyrénées-Orientales, on produit du Côtes du Roussillon et du Côtes du Roussillon Villages. Ces derniers sont uniquement des vins rouges élaborés à partir de trois cépages : carignan, grenache noir et syrah. Certains peuvent prétendre à un nom de commune :

- Caramany sur les communes de Caramany, Bélesta et Cassagnes, un terroir de gneiss.
- Latour-de-France sur la commune du même nom et sur Cassagnes, Montner et Planèzes, avec des sols à dominante de schistes.
- Lesquerde sur les communes de Lesquerde, Lansac et Rasiguères, des terroirs d'arènes granitiques.
- Tautavel sur Tautavel et Vingrau et leurs sols calcaires.

Le village de Rasiguères et le vignoble au premier plan. -NI-

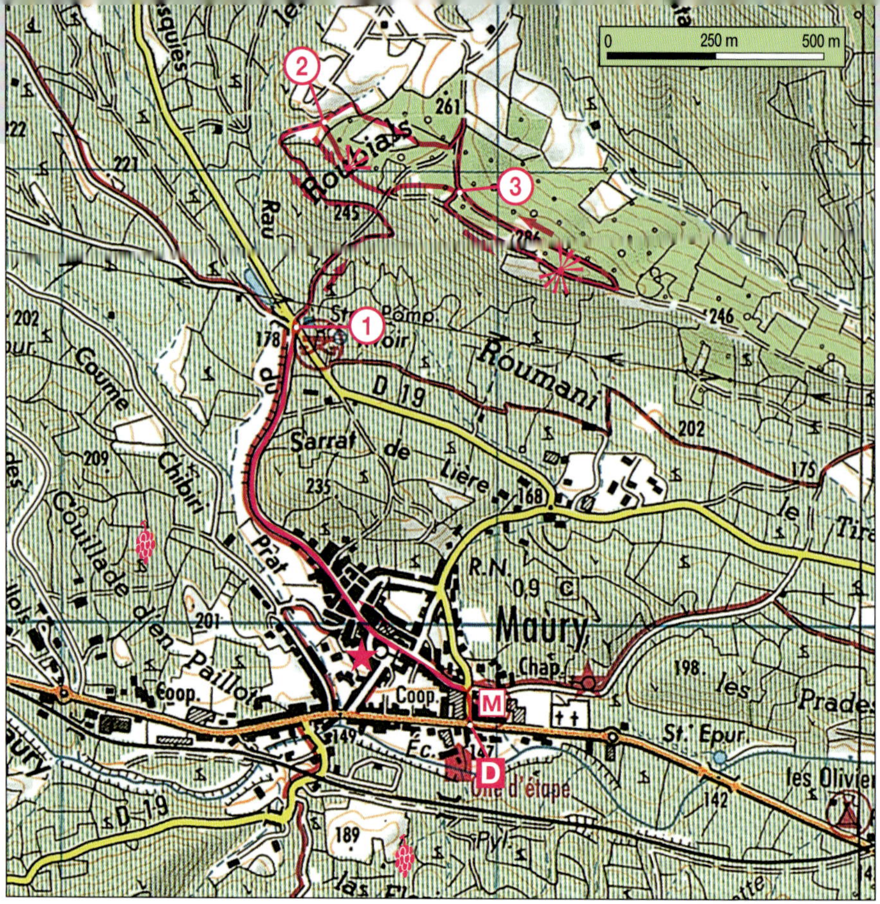

Stationnement : parking vers la maison du terroir à Maury. Autre départ possible en **1**.

D Prendre la rue à gauche de la maison du Terroir, passer à côté de jeux pour enfants, suivre la route à gauche. Au carrefour monter en face dans Maury par le **chemin du Trompe-l'œil**, rejoindre la place de la Mairie continuer en face. Au niveau du café la Marquise grise suivre rue Anatole France, à la fourche délaisser le chemin des Cortals, sortir du village et poursuivre sur la route.

1 Au croisement avec la D19 prendre à gauche, à hauteur de la barrière **(panneau d'information)** monter tout droit, faire une boucle par la droite et recouper le chemin, après un virage rejoindre une fourche.

2 Poursuivre à droite dans le sens des panneaux ***(vue sur le château de Quéribus)***, passer à côté d'un panneau d'information et atteindre un chemin, le suivre à gauche, délaisser un chemin à droite et emprunter le sentier suivant.

3 Au croisement de chemins monter à droite, au suivant continuer à gauche ***(vue sur Maury et Quéribus)***, descendre puis suivre un chemin à gauche. Retrouver le point 3 et descendre à droite, au prochain carrefour virer à gauche, après 150 m au panneau « **genêt d'Espagne** » descendre à droite. Au niveau d'une vigne remonter par la gauche, regagner le point 2 et prendre à droite, descendre et revenir en sens inverse jusqu'à Maury.

Maury et ses vignobles. -NI-

LE SENTIER DE ROUBIALS

MAURY

30

Placé sous la vénérable silhouette du château cathare de Quéribus, cette balade fourmille de renseignements sur son environnement. Vous découvrirez la flore et la faune présente en ces lieux mais aussi la géologie, la vigne, l'histoire et bien d'autres aspects locaux qui vous étaient inconnus jusqu'alors.

1 h 50 - 5,5 km
balisage jaune et panneau
dénivelée : 170 m
▼ 147 m ▲ 286 m

Un Vin Doux Naturel : le Maury

Le village de Maury est situé géographiquement au centre de l'aire de l'Appellation d'Origine Contrôlé Maury. Ce terroir a obtenu sa reconnaissance par l'INAO le 6 août 1936. Protégé au nord par la chaîne des Corbières et au sud par les contreforts escarpés des Pyrénées, le vignoble dessine un couloir naturel couvrant dix-sept kilomètres en longueur et quatre kilomètres en largeur sur la commune de Maury et sur quelques parcelles des communes limitrophes de Maury.

Ce sol particulier est constitué de marnes schisteuses du Secondaire, la structure feuilletée donne aux racines la possibilité de s'enfoncer profondément dans le sol pour trouver l'humidité nécessaire à leur alimentation. La couleur noire leur permet d'absorber la chaleur pendant la journée et de la restituer la nuit permettant ainsi d'atteindre un taux en sucre très élevé. Les sols de marnes schisteuses exposés à un climat méditerranéen aride font l'originalité de ce terroir. Seule la taille dite « en gobelet » est autorisée en AOC Maury. Elle permet une meilleure résistance à la Tramontane, vent dominant présent environ deux cents jours par an, et une meilleure alimentation hydrique des grappes.

Mur peint en trompe-l'œil dans Maury. -NI-

Voir et Savoir

vignoble AOC de Maury maison du terroir ★ trompe-l'œil dans Maury.

À PROXIMITÉ : château de Quéribus aqueduc romain d'Ansignan M musée de la Préhistoire à Tautavel.

-NI-

LES CONTRAINTES DES VINS DOUX NATURELS

Les AOC Banyuls, Banyuls Grand Cru, Maury, Rivesaltes et Muscat de Rivesaltes sont soumis à des règles strictes :

- les rendements ne dépassent en aucun cas les 40 hl/ha.
- le raisin doit être cueilli à très grande maturité (252 g de sucres minimum par litre de moult).
- Les quatre cépages autorisés sont des cépages « nobles » : grenache, macabeu, malvoisie, muscats.
- Lors de la fermentation, le mutage doit être fait avec de l'alcool neutre d'origine vinique.

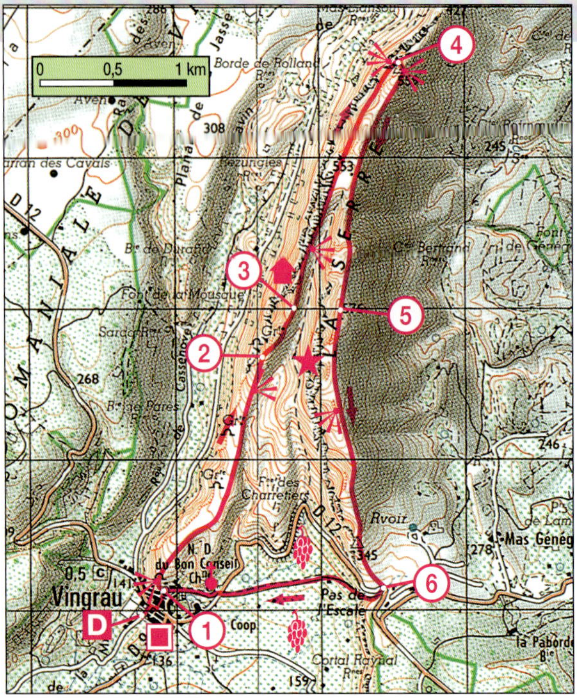

VOIR ET SAVOIR

habitat vigneron à Vingrau ✝ église d'origine du 12ᵉ siècle ▲ site d'escalade de la Serra vignoble.

À PROXIMITÉ : Ⓜ musée de la préhistoire de Tautavel ⚒ grotte archéologique de l'Arago ♣ château ruiné d'Opoul.

STATIONNEMENT : à proximité de la place de la Mairie de Vingrau.

DIFFICULTÉS OU CONSEILS PARTICULIERS : entre 4 et 5 tronçon délicat pour des personnes sujettes au vertige ; prudence par vent fort et bien suivre les cairns.

D Devant la mairie prendre un petit passage à droite, puis suivre la route dans le village à droite, tourner à gauche rue de la poste, continuer à droite. Place Jean Jaurès prendre à gauche rue Lulli et de suite monter rue Bizet, prendre à droite rue Rameau et de suite monter par des escaliers rue Richepin. Au pied de **l'église** continuer la ruelle à droite puis rue Courteline à gauche.

1 Derrière l'église poursuivre en face sur un sentier qui, après 50 m, monter à droite ***(vue sur Vingrau et le vignoble, sur le massif du Canigó)***, sur le replat continuer dans la garrigue nord, nord-est ***(vue sur les falaises d'escalade de la Serra)***.

2 Descendre à droite et remonter le vallon en parallèle aux **falaises**.

3 Passer à côté d'un abri de bivouac ***(vue sur une arche à droite)***, au fil de la montée la hauteur des falaises s'amenuise, et on rejoint un replat en haut de la côte ***(vue sur les villages de Tuchan et Paziols, château d'Aguilar, les piochs cathare, le massif du Canigó, la haute vallée de la Têt)***.

4 Ne pas continuer tout droit mais virer à droite vers un **grand cairn** à 20 m. Suivre la crête rocheuse à droite, direction sud ***(vue sur les vignes, l'étang de Leucate et la Méditerranée, Perpignan, chaîne des Albères)***, rester sur le sentier indiqué par des cairns sur l'arête, monter dans un petit vallon à gauche et redescendre légèrement à un col. Remonter en face sur un sentier rocailleux en gardant le bord de la falaise à droite, rejoindre un point haut avec un pylône couché au sol.

5 Au début descendre légèrement sur la gauche et peu après descendre plus franchement à gauche dans une zone de végétation plus dense. Rejoindre une petite crête rocheuse marquée d'un **cairn** bien visible ***(vue sur Vingrau)***, descendre en direction sud, sud-est, sur un sentier caillouteux et gagner la route dans un virage.

6 La couper et descendre en face, franchir le **pas de l'Escale** et poursuivre au milieu des vignes. Couper la D9, prolonger en face sous **Notre-Dame-du-Bon-Conseil**, retrouver l'église et revenir au départ en sens inverse.

Vignes entre 6 et 1. -NI-

LE PAS DE L'ESCALA

VINGRAU

31

La Route de la grimpe

La Route de la grimpe a comme objectif de valoriser l'activité escalade dans la vallée de l'Agly et le Fenouillèdes en mettant en valeur le potentiel sportif et touristique du territoire et en favorisant l'émergence d'une « culture de la grimpe ».
Dans les Pyrénées-Orientales, la Route de la grimpe relie trois sites : le premier autour des communes de Caudiès, Saint-Paul-de-Fenouillet, Lesquerde et Saint-Martin-de-Fenouillet, un second sur Maury. Le troisième comprend 600 voies équipées, de tous niveaux, autour des falaises calcaires de Tautavel, Vingrau et Opoul-Périllos. En se prolongeant vers l'Aude, le projet intercommunal est devenu interdépartemental. Concrètement, il s'agit de vérifier 565 voies existantes et d'en équiper 160 nouvelles, de permettre aux amateurs sportifs comme aux débutants de pratiquer, de marquer cette route par une signalétique directionnelle commune…
Beaucoup de sites d'escalade réputés comme Tautavel et Vingrau, sont également des lieux ornithologiques exceptionnels. Un travail de collaboration entre les porteurs du projet Route de la Grimpe et le Groupe Ornithologique du Roussillon (GOR) a permis de déterminer quels sites d'escalades pourraient être développés dans le respect et la protection environnementale.

Du village vigneron de Vingrau le circuit s'élève vers l'église puis gagne les falaises rocheuses dont les à-pics attirent les grimpeurs. Sur le haut de la Serra, le panorama s'étend depuis les bords de mers jusqu'au pic du Canigó et la haute vallée de la Têt. Le retour par le pas de l'escala nous entraîne dans les grenache noir et blanc, les carignan et autres cépages des vignes de Vingrau.

3 h 15 - 8,5 km
balisage jaune D à 4
cairns de 4 à 6
dénivelée : 560 m
▼ 140 m ▲ 533 m

Cairn, fil d'Ariane entre les points 4 et 6. -NI-

À VINGRAU, RENDRE COMPATIBLE GRIMPE ET PROTECTION DES OISEAUX

Site d'escalade au-dessus de Vingrau. -NI-

Vautour percnoptère. -Réserve de Jujols-

Tous les grands rapaces, nocturnes ou diurnes se sont installés naturellement dans les falaises propices à l'escalade. Pas moins de 26 espèces d'oiseaux protégés ont été recensés dans le massif des Corbières : vautours, aigles royaux, faucons pèlerins nichent dans les parois.

CARNET D'ADRESSES

Chamina Édition
35 rue du Pré-la-Reine
63100 Clermont-Ferrand
Tél. 04 73 92 81 44 – Fax 04 73 74 80 62
info@chamina.com
www.chamina.com

Conseil Général des Pyrénées-Orientales
Direction de l'Économie et du Territoire
32, rue Maréchal Foch - 66000 Perpignan
www.cg66.fr

Comité Départemental du Tourisme des Pyrénées-Orientales
16, avenue des Palmiers - 66000 Perpignan
Tél. 04 68 51 52 53
info@cdt-66.com
www.cdt-66.com

Fédération des Réserves naturelles catalanes
Tél. 04 68 05 38 20
www.catalanes.reserves-naturelles.org

Syndicat Mixte Canigó Grand Site
Tél. 04 68 96 45 86
canigougrandsite@wanadoo.fr

Parc Naturel des Pyrénées Catalanes
Tél. 04 68 04 97 60
ww.parc-pyrenees-catalanes.fr

APAM (Association Pyrénéenne des Accompagnateurs en Montagne)
antoine.glory@laposte.net

Confédération Pyrénéenne du Tourisme
www.lespyrenees.net
• Toulouse
Tél. 05 34 40 78 40- contact@lespyrenees.net
• Bordeaux
Tél. 05 56 44 05 65 - contact.bordeaux@lespyrenees.net

Comité Régional du Tourisme Languedoc-Roussillon
Tél. 04 67 200 220
contact.crtlr@sunfrance.com
www.sunfrance.com

OFFICES DE TOURISME ET SYNDICATS D'INITIATIVE

Alénya
Tél. 04 68 22 54 56
office-tourisme.alenya@wanadoo.fr
http://alenya.monsite.wanadoo.fr

Amélie-les-Bains
Tél. 04 68 39 01 98
ot.amelie@wanadoo.fr
www.amelie-les-bains.com

Ansignan
Tél. 04 68 59 09 94
mairie.ansignan@wanadoo.fr
http://pagesperso-orange.fr/ansignan/

Argelès-sur-Mer
Tél. 04 68 81 15 85
infos@argeles-sur-mer.com
www.argeles-sur-mer.com

Arles-sur-Tech
Tél. 04 68 39 11 99
arles.tourisme@neuf.fr
www.tourisme-haut-vallespir.com

Banyuls-sur-Mer
Tél. 04 68 88 31 58
ot.banyuls@banyuls-sur-mer.com
www.banyuls-sur-mer.com

Bolquère/Pyrénées 2000
Tél. 04 68 30 12 42
infos@pyrenees2000.com
www.pyrenees2000.com

Bourg-Madame
Tél. 04 68 04 55 35
TOURISME.BOURG-MADAME@wanadoo.fr

Canet-en-Roussillon
Tél. 04 68 86 72 00 - infos@ot-canet.fr
www.ot-canet.fr

Casteil
Tél. 04 68 05 67 63
mairie.casteil@wanadoo.fr
www.casteil.fr

Caudiès-de-Fenouillèdes
Tél. 04 68 59 92 64
info@caudies-si.fr
www.mairie-caudies-fenouilledes.fr

Cerbère
Tél. 04 68 88 42 36
otcerbere@wanadoo.fr
www.cerbere-village.com

Céret
Tél. 04 68 87 00 53
contact@ot-ceret.fr
www.ot-ceret.fr

Collioure
Tél. 04 68 82 15 47
contact@collioure.com
www.collioure.com

Corneilla-de-Conflent
Tél. 04 68 05 77 59

Elne
Tél. 04 68 22 05 07
contact@ot-elne.fr
www.ot-elne.fr

Estagel
Tél. 04 68 29 10 42
agly-verdouble@wanadoo.fr

Eyne - Cambre d'Aze
Tél. 04 68 04 61 60
oti@cambre-d-aze.com
www.cambre-d-aze.com

Font-Romeu
Tél. 04 68 30 68 30
office@font-romeu.fr
www.font-romeu.fr

Formiguères
Tél. 04 68 04 47 35
formigueres.tourisme@laposte.net
www.formigueres.com

Haut-Conflent (Olette, Evol)
Tél. 04 68 97 08 62
s.i.hautconflent@free.fr
www.haut-conflent.com

Ille-sur-Têt
Tél. 04 68 84 02 62
office.tourisme@ille-sur-tet.com
www.ille-sur-tet.com

Laroque-des-Albères
Tél. 04 68 95 49 97
tourisme@laroque-des-alberes.fr
ww.laroque-des-alberes.fr

Les Angles
Tél. 04 68 04 32 76
les-angles@les-angles.com
ww.lesangles.com

Le Boulou
Tél. 04 68 87 50 95 - contact@ot-leboulou.fr
www.tourisme-leboulou.fr

Matemale
Tél./Fax. 04 68 30 59 57
OT-matemale@wanadoo.fr

Maureillas - Las Illas
Tél. 04 68 83 48 00

Maury
Tél. 04 68 50 08 54
maisonduterroir@hotmail.fr
www.maury-village.com

Millas
Tél. 04 68 57 16 68
syndicat.d.initiative.millas@wanadoo.fr
www.mairie-millas.fr

Molitg-les-Bains
Tél. 04 68 05 03 28
office.tourisme.molitg@orange.fr
www.molitg.com

Mont-Louis
Tél. 04 68 04 21 97
otmontlouis@wanadoo.fr
www.mont-louis.net

Mosset
Tél. 04 68 05 38 32
tour.parfums.mosset@wanadoo.fr
http://mossetvillage66.free.fr

Osséja
Tél. 04 68 04 53 86
rmtc-osseja@wanadoo.fr

Perpignan
Tél. 04 68 66 30 30
contact-office@perpignan.fr
www.perpignantourisme.com

Port-Barcarès
Tél. 04 68 86 16 56
tourisme@portbarcares.com
www.portbarcares.com

Porté-Puymorens
Tél. 04 68 04 82 16 • 04 68 04 82 41
rmsl.porte.puymorens@wanadoo.fr
www.porte-puymorens.net

Port-Vendres
Tél. 04 68 82 07 54
ot.portvendres@wanadoo.fr
www.port-vendres.com

Prades
Tél. 04 68 05 41 02
infos@prades-tourisme.com
www.prades-tourisme.com

Prats-de-Mollo-La-Preste
Tél. 04 68 39 70 83
info@pratsdemollolapreste.com
www.pratsdemollolapreste.com

Rivesaltes
Tél. 04 68 64 04 04
rivesaltes.office.tourisme@wanadoo.fr
www.mairie-rivesaltes.fr

Saillagouse
Tél. 04 68 04 15 47
tourisme@pyrenees-cerdagne.com
www.pyrenees-cerdagne.com

Saint-André
Tél. 04 68 89 04 85
contact@saint-andre66.fr - www.saint-andre66.fr

Saint-Cyprien
Tél. 04 68 21 01 33
contact@tourisme-saint-cyprien.com
www.tourisme-saint-cyprien.com

CARNET D'ADRESSES

Saint-Génis-des-Fontaines
Tél. 04 68 89 84 33
officedetourisme.stgenis@wanadoo.fr
www.ville-saintgenisdesfontaines.fr

Saint-Laurent-de-Cerdans
Tél. 04 68 39 55 75
contact@ville-saint-laurent-de-cerdans.fr
www.ville-saint-laurent-de-cerdans.fr

Saint-Paul-de-Fenouillet
Tél. 04 68 59 07 57
contact@st-paul66.com
www.st-paul66.com

Sainte-Marie-la-Mer
Tél. 04 68 80 14 00
tourisme@sainte-marie-la-mer.com
www.sainte-marie-la-mer.com

Serralongue
Tél. 04 68 39 61 34
serralongue@wanadoo.fr
www.serralongue.com

Sorède
Tél. 04 68 89 31 17
ot.sorede@wanadoo.fr
www.ot-sorede.com

Tautavel
Tél. 04 68 29 44 29 (été)
Tél. 04 68 29 12 08 (hors saison)
mairie@tautavel.com
www.tautavel.com

Thuir
Tél. 04 68 53 45 86
tourisme.aspresthuir@gmail.com
www.thuir.com

Torreilles
Tél. 04 68 28 41 10 - info@torreilles.com
www.torreilles.com

Vernet-les-Bains
Tél. 04 68 05 55 35
tourisme@ot-vernet-les-bains.fr
www.ot-vernet-les-bains.fr

Villefranche-de-Conflent
Tél. 04 68 96 22 96
infotourisme@villefranche66.fr
www.villefranchedeconflent.fr

Communauté de Communes Pyrénées Cerdagne - Saillagouse
Tél. 04 68 04 53 30
contact@pyrenees-cerdagne.com
www.pyrenees-cerdagne.com

Communauté de Communes Capcir - Haut-Conflent
Maison du Capcir – La Llagonne
Tél. 04 68 04 49 86
contact@capcir-pyrenees.com
www.capcir-pyrenees.com

Charte Intercommunale du Haut-Conflent
Maison du Haut-Conflent - Olette
Tél. 04 68 97 08 09
www.haut-conflent.com

Charte et Pays d'Accueil Agly-Verdouble
Canton de La Tour-de-France, Saint-Arnac, Vingrau, Cases-de-Pène
Tél. 04 68 29 10 42 47
agly-verdouble@wanadoo.fr

Charte Intercommunale du Canton de Millas
Tél. 04 68 57 40 38
www.cg66.fr

-NI-

INDEX

INDEX DES COMMUNES
traversées par les itinéraires

Ce guide a bénéficié du soutien financier
du Conseil Général des Pyrénées-Orientales

Chamina

35 rue du Pré-la-Reine
63100 CLERMONT-FERRAND
Tél. 04 73 92 81 44 - Fax 04 73 74 80 62
info@chamina.com
www.chamina.com

Dépôt légal : 1er trimestre 2010
Imprimé en France par Loire Offset Titoulet (42)